すまいのかたち

大西 一也 文
関沢 愛美 イラスト

はじめに

　これから、一緒に勉強していく住居学とはどのような学問でしょうか。
「住居」を辞書で引いてみると、「人のすみか。すまい」と書かれています。また「住む」という言葉は、「生物が巣と定めたところで生活を営む意」で、「住まい」は、「住んでいる所。住所。家。また、住んでいること」で、「住宅」は「人が住むための家」と書かれています。「住居」や「住まい」は、「住宅」と似ている言葉ですが、そこには「人の営み」が感じられます。

　住居学研究の第一人者である西山夘三《うぞう》は、『住居学ノート』のまえがきで「住居学」について次のように述べています。「住む」ということ、それは住まい＝住宅の営みだけではない。コミュニティや地域、都市や国土のつくり方、営み方までひろがっている。個々のすまいといったものではなく、それらをふくめた総体としてつかまなければならないということは、現代では誰の目にも明らかになってきている。「住む」ということは「生活する」ということとほとんど同義語であると私は先にのべた。しかし、あえて「住む」ということを限定しようとするならば、それは生活の中で特に空間とかかわる側面に焦点をあてるものだと思う。それは生活空間と結びついた生活の学問であるといってよい。これをどのように造りだしてゆくか、管理してゆくか、その営みにかかわる問題が住居学の対象である。

住居学の研究者によると、住居学とは、人間の生活空間において、さまざまな問題を、生活者の主体性のもとに、その解明と解決に取り組む学問と考えられています。その研究対象としては、住まいにおける生活、環境、設計計画、生産、管理など、幅広い分野がこれに含まれています。この教科書では、住居学の諸分野のなかでも、「文化」としての住まいに焦点を当てて、身近な「住まいのかたち」について学習することとしました。住文化を学ぶことは、私たちにとって「住むとは何か」という問いについて考えることです。私たちを取り囲む自然環境や社会環境との関わりにおいて、さまざまな「住まいのかたち」があります。ここでは、「住まいに期待すること」「風土と住まい」「住まいの思想」「安らぎの住まい」「秩序の住まい」「楽しみの住まい」「家族と住まい」「住まいの歴史」「住まいをつくる」「住まいと地球環境」の十のテーマを取り上げ、「住まいのかたち」について学習していきましょう。

この本では、みなさんと一緒に「くうかんをまなぶ」ために、「くうちゃん（ネコ）」と「まなちゃん(学生)」に世界の住まいや建築を学ぶ旅に出掛けてもらいました。民家であったり、有名建築であったりしますが、興味があれば自分で詳しく調べてみましょう。時間があれば着色するのも楽しいと思います。

もくじ

一．住まいに期待すること

人間は遠い昔に、自然という外部から切り取った身体を守るための内部空間、すなわち「住まい」を作り出しました。その住まいは簡単なつくりでしたが、人間はその効用に「期待」し、空間を改良するなど工夫を重ねて、より良い暮らしを営むために、住まいの効用を発展させてきました。その「期待」の根底にあるのは人間の「生活要求」であり、住まいを対象としたものは「住要求」といいます。

現在、私たちの生活は技術工学の発展に伴い、生活様式も大きく変化してきました。この生活様式を発展させてきたのは、私たちが常に「生活要求」を持ち、それらを実現させてきたからです。このような変化に対して、私たちは「豊かで人間らしい生活

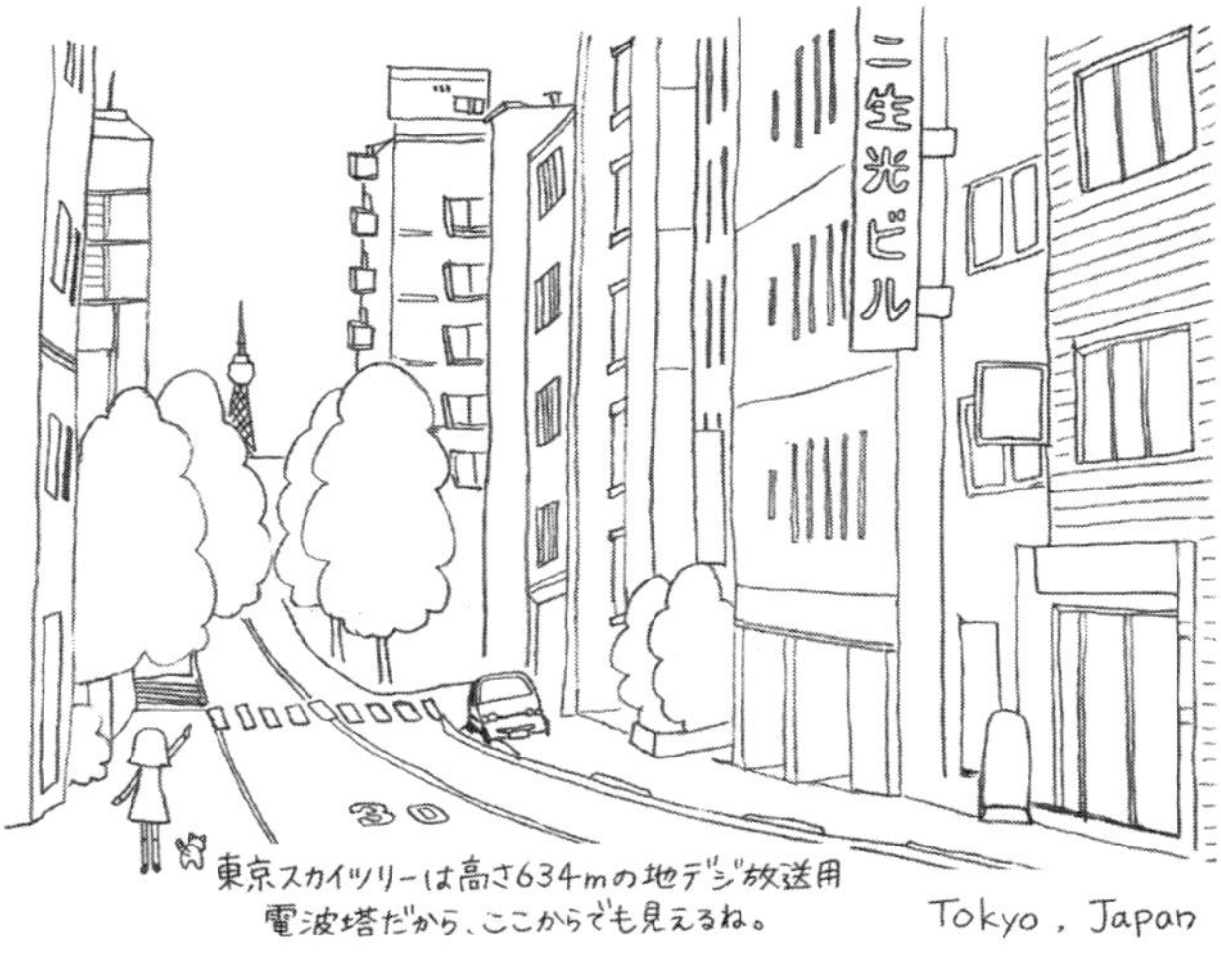
生光ビル
東京スカイツリーは高さ634mの地デジ放送用
電波塔だから、ここからでも見えるね。
Tokyo , Japan

とは何か、それをどのように作り出していくのか」という問題意識を常に持ち、望ましい生活様式を選択していかなければなりません。

「生活要求」について考えてみましょう。私たちは生きている限り「生活要求」を持っています。「要求」は「欲求」と呼ばれることもありますが、心理的個人的レベルのものには「欲求」を用いる場合が多く、社会的レベルのものには「要求」という言葉を使用する傾向があります。生活要求の発生には、生活者に何らかの欠乏あるいは苦痛の状態が存在しているか、欠乏の状態が存在していると思っている状況があります。このように、生活要求には動機があり、「何のため」によって、生活要求を次の三つに整理することができます。

一．生存のための生活要求（生存要求）
二．社会的に一定水準の生活を確保するための生活要求（社会的要求）
三．自己実現したいという生活要求（自己実現要求）

一つめの生存のための生活要求とは、生命の維持、身の安全や健康の保全のための要求で、それが確保されなければ、生存が脅かされるので、生活要求のなかで最も基本的なものです。この生存要求が満たされないと、絶対的な障害が発生します。

二つめの社会的要求は、文化的要求とも考えられ、その生活者が属している社会において、社会生活を円滑に行うために必要とされる生活要求です。その社会の文化的物質的水準によって、その要求水準は異なります。この社会的要求が満たされないと、絶対的な障害にはなりませんが、劣等感、不安感、疎外感など精神的な障害になることもあります。

三つめの自己実現要求は、その生活者にとって一定の生活水準が確保されたか、されつつある状況において、「自分らしさ」を表現し、自分でも満足し他者にアピールしたいという気持ちの表れです。被服におけるファッション化が分かりやすい事例です。被服の機能面が満たされれば、私たちはデザインの差異に着目し、自分の好みのファッションを身に着けようとします。私たちには、流行に敏感な集団に所属したいという反面、他者と同じ服を着たくないという心理もあります。

「住要求」も、生存要求、社会的要求、自己実現要求の三水準としてとらえることが出来るでしょう。

自己保全のための「生存要求」には、

・厳しい気候や自然災害から、自分や身内を庇護したい
・食糧などの生活必需品、生活財などを、雨、湿気、虫などから守りたい
・他者の襲撃や侵入から、自分や身内、生活必需品を守りたい
・様々な脅威や不安をもたらすものから安らぎを得たい

などがあり、住まいの囲い方や縄張りのあり方などに表われ、気候風土、襲撃・侵入、脅威の存在などによって、住要求も異なってきます。

気候風土では、まず気温が問題となり、極寒や灼熱の地域では、人間の生命を脅かすことになります。湿度の問題では、蒸し暑い地域では風通しが必要となり、砂漠の

白川郷の合掌造りの民家は
茅葺きの急勾配屋根で
屋根裏で養蚕をしていたんだよ。
Gifu , Japan

ような乾燥地域では水の確保が生命維持に関係してきます。

生命や生活財を脅かすものとして、周辺の生物環境も問題となります。虫や猛獣などの生息している地域では、それらから身を守らなければなりません。民族や人種の問題、人々の生活困窮度によって、地域の治安の状態が異なります。治安の悪い場所では、外敵からしっかりと身の安全を守る必要があります。

文化や信仰によっては、さまざまな目に見えない脅威というものが存在します。人々は、文化の継承によって、それらの脅威から守られるような住まいのかたちを作り上げてきました。


一定水準の生活を確保するための「社会的要求」には、

・住生活を円滑で秩序のあるものにしたい
・住生活を便利なものにしたい
・住生活を保健衛生的なものにしたい
・住生活を人並みのものにしたい

などがあり、住まいの空間分節、間取り、設備などを形づくり、社会や文化のあり方、時代によって、その住要求は大きく異なってきます。

この水準の住要求は、社会によって作られます。また同じ社会でも、経済的階層や年齢などによっても異なります。この社会的要求は、人間が学習することによって作られます。親が自分の子どもを教育する際には、社会の一員となるための価値観や慣習を教えますが、これが文化の継承です。子どもは親や周りの大人たちから、さまざまな経験を通して、慣習と呼ばれるものを学び取っていきます。学校教育でも、国語や社会などの教科から社会的事柄や価値観を学び、集団生活を通しても数えきれない事柄を学んでいきます。これらには、日常生活において必要なものや先人の知恵なども含まれています。

現代社会には膨大な情報が溢れています。毎日のように、テレビや雑誌、インターネット、口コミを通して、生活要求につながる多くの情報を受け取っています。これらのなかには、価値のあるものもあれば、間違ったもの、本当は必要のないものが混ざり合っています。現代社会で影響力の大きい情報は、企業活動による商品やサービスを売るための広告です。はっきりとそれと分かる広告だけではなく、スポンサーとなっているドラマや映画、雑誌記事などのなかに、私たちの生活要求を作り出すような形でうまく挿入されています。例えば、一九六〇年代頃のアメリカのホームドラマには、当時の日本の家庭には、それほど普及していなかったシステムキッチンや、冷蔵庫、洗濯機、掃除機などを使ってスマートに家事をこなす主婦の姿が生き生きと描かれており、憧れのライフスタイルを作り上げました。その後、日本の家庭に普及したカラーテレビやクーラー、自家用車といった３Ｃも同様のものです。

これらのことが、企業活動によって繰り返され、日本人の生活要求イコール新しくて便利な家電製品や生活財を購入することとなり、「人並み」を目指して、これらの購入による便利な生活を実現することに偏重してきたと考えられます。

自己実現を確保するための「自己実現要求」には、

・住生活を楽しみたい

・住生活において自己実現したい

などがあり、ライフスタイルにより、住まいの外観やインテリアデザインなど「自分らしく」したいという要求で、多様な住まいのかたちが形成されます。また社会に向かって自分をよりよく見せたいという「自己の誇示」などもこれに含まれます。

アメリカの心理学者アブラハム・マズローは、「人間は自己実現に向かって絶えず成長する生きものである」とし、人間の基本的欲求を低次から高次へ、生理的欲求、安全の欲求、所属と愛の欲求、承認の欲求、自己実現の欲求という五段階の階層で理論化しています。この古典的理論は、現在の心理学研究では、個人レベルの欲求段階説は科学的根拠や実証性が十分でないとされています。順序については異論もあるでしょうが、人間の要求をこのように整理することは出来るでしょう。ここで住要求について考えてみると、生存要求が満たされた上で、社会的要求と自己実現要求が発生すると考えてよいでしょう。社会的要求と自己実現要求は、個人の価値観にも左右されるので、例えば、多少不便であっても、デザインを優先した空間にしたいという人もいるでしょうから、順序は変わってくるかもしれません。一般的な人々は、秩序的な住まいを実現した上で、個性的な住まいを求めることが多い傾向にあります。

住要求は、すべての人々にとって、必ず実現されるとは限りません。人々は、最大限の努力や工夫を試みますが、環境などの諸条件により、実現できることには限りがあります。今日では経済的な条件により、実現が困難なことも少なくありません。住要求の発生から実現には、次のような流れがあります。

Ａ．現在の住生活に不備や苦痛を感じる

Ｂ．情報や学習により「住要求」が発生する

C．住要求を具現化しようと検討する（技術的、経済的、制度的ほか）

C1　具現化できない（Aの状況へ戻され、あきらめる）

C2　具現化できる（Dへ進む）

D．新しい住まいによる住生活を営み満足する

E．また別の不備や苦痛を感じる（繰り返される）

このような住要求を実現させる流れは、個人的なケースでもあり、社会集団としても繰り返され、住まいは今後とも発展を続けていきます。この「住まいに期待すること」が、ここで学習する「文化としての住居」の基本的な考え方となっています。

うなぎの寝床と呼ばれる京町家は奥行きが深くて通り庭は光と風の通り道になっているよ。

住まいに期待することは、社会の諸問題を解決する手法とも関係しています。現代の日本の住様式の手本ともなったイギリスの近代における住様式の形成についてみてみましょう。

イギリスの近代化について考える前に、皆さんはバージニア・リー・バートンの『ちいさいおうち』という絵本を読んだことがあるでしょうか。イギリスにおける静かなカントリーライフの理想と都市開発についてのお話ですが、少しその世界をのぞいてみましょう。

「むかしむかし、ずっといなかのしずかなところにちいさいおうちがありました。それはちいさいきれいなおうちでした」環境のよいカントリーサイドで、夜も月や星が見え、四季それぞれ美しい自然に囲まれた静かな生活をおくっていました。

「ところが、ある日いなかのまがりくねったみちを、うまのひっぱっていないくるまがはしってくるのをみて、ちいさいおうちはおどろきました」そしてこれをきっかけに周辺の開発は少しずつ進んでいきました。「ちいさいおみせ」や「たくさんのおうち」ができ、「くるまもひともまえよりいそがしそうにいったりきたりしはじめました」となって、変わらない「ちいさいおうち」が中央に描かれ、周辺の様子は開発が進むにつれて、どんどん変化していく構図です。

さらに開発が進み、「あぱーとめんとはうす」や「こうだんじゅうたく」ができ、「でんしゃがいったりきたりしはじめました」さらに、「こうかせん」「ちかてつ」「二十五かいと三十五かいのびる」もでき、「あたりのくうきは、ほこりとけむりによごれ、ごうごうとおとはやかましく、ちいさいおうちはがたがたゆれました」そして夜には、月も星も見えなくなり、いつが春で夏か四季も分からなくなりました。そんなときに一人の女性が現れ、以前のようなヒナギクの花の咲きみだれる丘に「ちいさいおうち」を移してあげました。

「いなかでは、なにもかもがたいへんしずかでした」

人間にとって住環境の大切さを学ぶことの出来る名作絵本です。では、実際に開発が進んだ当時のイギリスの社会と、田園生活において住まいに求められたものは、どのようなものだったでしょうか。

十八世紀まで、貿易商人などブルジョワ階級の住まいは、ロンドン都心の業務地区にあり、工場や作業場と隣り合わせでした。そのため家庭生活の独立性は乏しく、騒音や煤煙などにより環境は良いとは言えませんでした。産業化の進展により状況が激化し、事業主のなかには、住宅を郊外に移すことで問題を解消する動きも現れました。郊外に住むことは、「自然との共存」で、「町の生活」より「田舎の生活(カントリーライフ)」に高い価値を認めた生活様式に倣うことで、自家用馬車で都心の事業所へ通い、郊外の住まいで安らぎを得るという「職住分離」の住様式が広まりました。この職住分離により、マイホーム文化が形成され、専用住宅や専業主婦が誕生し、世界にも広がっていきました。都心部の過密で不衛生な住環境では、人々の健康破壊や環境汚染が引き起こされ、その対策として、公衆衛生法が施行され、住宅の衛生に関する条例が定め

赤瓦と魔除けのシーサーが特徴だよ。
吹き抜ける風が気持ちいいね～
Okinawa, Japan

られました。そして、不良住宅の改造や撤去を規定した法制度の整備が進み、その最低基準項目は以下のとおりでした。

一．住宅は衛生的とし、清潔、日照、自然採光、換気、排水を確保すること
二．住宅はしっかりとした壁、屋根をもつ、防湿的な構造であること
三．給水、給湯、電気、暖房をもつこと
四．洗面、入浴、便所の衛生的設備をもつこと
五．独立した台所、居間、寝室があること
六．職住分離が出来ていること

社会思想家ロバート・オウエンの「人格は環境によってつくられる。子どもたちは良い環境で育てられれば良くなる」という信念に基づき、十九世紀後半から二十世紀初頭に、レッチワースなどに理想の田園都市が建設されました。これらの住宅は「家族構成に合ったプライバシーのある寝室、快適な居間、日常生活を大切にする実用的な慎ましさ」や「身近に庭園のある、上品でアメニティのあるもの」で、以下の項目が含まれていました。

一．夫婦生活や子どもなど家族の独立性が大切にされた私室があること

二．格式や接客ではなく、家族の日常生活を大切にする「家族本位」であること
三．無駄のない、中程度の品の良い慎ましやかなデザインであること
四．排水設備、日照があること
五．遠距離通勤のない、職住近接であること
六．カーブした並木道に沿って計画的にレイアウトされていること
七．身近に庭園や空地の確保されたアメニティがあること
八．近隣生活施設があること
九．炊事や洗濯などの家事労働の省力化を考えた機能的な設計であること
十．工業技術の成果が導入されていること

このようにして、イギリスにおいて、都市の過密住宅の改善から、トータルアメニティを目指す田園住宅のスタイルとして、近代の住様式は確立しました。これが、アメリカに渡り、二十世紀のモダンリビングとなり、戦後の日本にも持ち込まれ、「住まいに期待されるもの」の基礎となりました。

二.　風土と住まい

風土と住まいについて考えるとき、私たちは、ある風土のなかで暮らしていると、当たり前と思っている「住まいのかたち」も、別の風土と比較することによって、その意味が明らかになることがあります。ここでは風土について学びますが、まず「屋根」や「壁」の意味について考えてみましょう。

「屋根」とは何でしょうか。

すぐに、「家屋の上部を覆って、雨露を防ぐもの」という答えが返ってくるでしょう。辞書を引いても、「雨露などを防ぐために建物の最上部に設けたおおい」「物の上部にあって、おおうもの」と書かれています。

これらの答えは、屋根の機能について説明したものですが、私たちにとって屋根の意

韓屋(ハノク)は、オンドルや大庁と呼ばれている
広場で、冬暖かく夏涼しく作られているよ。
Seoul , South Korea

味とは、それだけでしょうか。

「やね」は「屋根」と書きますが、どうして最上部にあるものなのに、「根」という漢字が使われているのか、考えたことがあるでしょうか。これには、明確な答えはありませんが、いくつかの説があります。まず、人間が初めて作った「住まい」は、技術的に簡単な方法で、大地に円形状に丸太を斜めに立て、それらの上端を真ん中に集めて骨組みを作り、現在のテントのような形にして、雨よけの材料で覆うという形でした。すなわち、壁がなく、屋根が大地に「根」を張ったような姿をしていたことに起因しているという説があります。また、住まいが集まり集落を形成している様子を遠くから眺めると、「屋根」が連なっている状態が山々の連なりに見え、その様子を「嶺」にたとえ、「家屋のみね」から「やね」という言葉になったという説もあります。

このように考えると、「住まい」の一部である「屋根」も、その機能だけでなく、もともとの「住まい」の形や、昔の人々が見た景観などを想い描くことも出来るのです。古代の人々にとって、現代のように供給された「住宅」を購入するのではなく、一人の人間が社会に認められた「証し」として、集落の人々と共に自らの手で作り上げた、存在をかけて社会へ向けた「しるし」であったと考えられます。大地から高くそびえる「屋根」を見上げ、当時の人々は人間の手による最大の造形に歓喜興奮したことでしょう。

風土によって「屋根」の重要性は異なります。特に雨の多い地域では、当然のこととして「屋根」が重要なデザインとなります。例えば、日本も夏季に雨の多い地域ですが、伝統的な住まいにおいては「屋根」のデザインに凝っています。「屋根」のデザインに関する言葉として、「いぶし瓦」「茅葺き」「柿葺き」「切妻」「寄棟」「入母屋」「鬼瓦」「棟飾り」「けらば」「破風」「雨樋」「斗拱」・・・と、材料、形状、装飾などさまざまな要素があげられます。

「屋根」のシルエットは、その地域に多く見られる樹木、日本ではサクラやケヤキなど落葉広葉樹の横に枝を張った形を模倣しているという説もあります。これは、奈良の法隆寺や東大寺などの寺院建築の水平性を強調した屋根の形をみれば納得できます。ヨーロッパの教会堂は、樅の木など針葉樹のように垂直性を強調した形になっています。

「壁」という言葉も辞書で引いてみると、「家の四方を囲い、または室と室の隔てとするもの。ことに塗壁、すなわち下地をわたし、木舞をかき、土を塗って作ったものをいう」という具体的な壁の作り方まで書かれています。他には「豆腐」「障害」「野暮・不粋」など色々な意味もあるようです。壁のつくり方は、気候風土、家屋の構造、治安などによって異なります。まず日本の住まいの壁については、蒸し暑い夏に対して風通し良く熱のこもらない室内環境をつくる必要があります。構造は、柱や梁で組み立てる木造在来工法で建てられています。戦前までの日本は、地縁社会であり治安がたいへん良い環境にありました。そのような諸条件から、住まいの壁は非常に薄くつくられ、室内も襖や障子などで仕切られていました。「壁に耳あり」という言葉もあるように、各部屋のプライバシーは保障されない状況でした。そのような住まいの構造からも、戦前までの日本においては、個人のプライバシー権という考え方が、市民生活に浸透していませんでした。

では、ヨーロッパや中央アジアの住まい

遊放民の移動式住居ゲルは
羊のフェルトで屋根や壁を覆っているので
冬でも室内は暖かいよ!
Ger, Mongol

の壁はどのようなものでしょうか。厳しい寒さや乾暑の風土においては、室内の保温性を高めるために閉鎖的な住まいをつくる必要があります。構造は、周辺で産出される石やレンガを一つずつ積み上げる組積造で建てられています。民族や宗教上の理由で、侵略や内紛を繰り返しているため治安は悪い環境にありました。そのような諸条件から、ヨーロッパや中央アジアの住まいの壁は非常に厚いものとなっています。そのことも、個人のプライバシー尊重の意識を発達させたと考えられています。壁に囲まれた室内空間では、壁の装飾やインテリアデザインの発達も促しました。

「窓」という言葉は、辞書では「採光または通風の目的で、壁または屋根にあけた開口部」「(比喩的に)外と内をつなぐもの」と書かれており、住まいの窓については、その目的が示されています。日本においては、「まど」は漢字で「間戸」「間処」と表現されました。上代の「蔀戸（しとみど）」の形式で、柱と梁の間を塞ぐ壁のことを「間戸」と呼び、外せば壁のない開口となりました。京都の町家は商店であったため表通りに開放的な窓をとっており、防衛と通風を兼ね備えた格子が発達しました。ヨーロッパでは、「window(風の目)」と表現され、石やレンガの積まれた組積造の壁に空けられた小さな風穴でした。厳寒で乱世のヨーロッパにおいては小さな窓は有効でした。アクセントとしての窓は、アーチ窓、鎧戸、出窓、フラワーボックスなど重要なデザインの対象となっています。中央アジアでも、乾燥した酷暑の気候風土と、多民族の交易都市であるため、外部に対して固く閉鎖し、窓は出来るだけ小さくしています。その代わりに、住まいを空から見てロの字型にして中庭を設けて、中庭に面した部屋は大きな窓や出入口で開放的につくられています。

以上いくつかの事例をみてきましたが、住まいを文化という側面でとらえると、環境的要因、技術的要因、文化的要因の三つの要因と関わっています。環境的要因には、気候、風土、温度、地形などがあります。技術的要因には、木材や石材、レンガなどの材料、建て方などの工法技術があります。文化的要因は、住まいについての思想に関係しますが、次の章で詳しく述べることとします。

環境的要因である気候風土について考えてみましょう。

この地球に生命が誕生し、生物は進化を遂げ、周囲の環境に合わせて生存するシステムを体内に作り上げました。人間は生命を維持するために、体温を一定に保つ必要があります。そのために、衣服を身につけ保温効果を獲得したり、火をおこし採暖により身体を暖めるという工夫を考え出しました。この着衣や採暖によって多少の寒さはしのぐことが出来ますが、身体を濡らす雨や、身体を冷やす強い風を防ぐことは難しく、生命は危険に晒されます。そこで、人間は、自然という外部から切り取った身体を守るための内部空間を作り出しました。それが「住まい」の始まりです。人間は、いったん「住まい」を獲得すると、その空間において、より良い暮らしを営むために、さまざまな工夫を重ねて現在に至っています。

「風土」とは、和辻哲郎によると「ある土地の気候、気象、地質、地味、地形、景観などの総称である」とし、これらを自然現象としてのみとらえるのではなく、人間への影響を問題にしています。世界の風土を、暑熱と湿気が特徴である日本などの「モンスーン（季節風）」地域、極度に乾燥した中央アジアなどの「沙漠」地域、湿潤と乾燥が混じり合ったヨーロッパの「牧場」地域の三つに類型化して、それぞれの地域性について詳細に分析しています。

風土は、その地域の「住要求」「生業の様式」「住居の主材料」の条件となります。すなわち、「モンスーン」地域では、夏季の蒸し暑さをしのぐことが第一条件となり、田畑を耕す農業を営み、木材や草竹などを主材料とした通気性のよい住居が風土の住まいとなります。「沙漠」地域では、灼熱と砂嵐から身体や食糧を守ることが第一条件となり、泥土や日干レンガなどを主材料とした熱を遮断する厚い壁で、屋根はほとんど必要とされません。「牧場」地域では、やや寒い冬季を暖かく過ごすことを目的とし、木材や石材を主材料とし、牧畜を主体とした生業の住居となります。

これらをまとめると次のような住まいになります。

一．モンスーン（東南アジア等）～熱帯雨林、高温多湿、猛獣
　風通しを良くするために～高床式、分棟、大きな窓、木の皮や葉、竹など

二．沙漠（中近東）～灼熱、乾燥、雨量少ない、遊牧
　熱を遮断するために～厚い壁、小さな窓、陸屋根、日干レンガ、移動住居

三．牧場（ヨーロッパ）～冬季に低温、雨量少ない（特に北欧）
　熱を遮断するために～外形凹凸少ない、厚い壁、小さな窓、石材など

モンスーン地域である東南アジアにおける特徴のある伝統的民家を、いくつかみてみましょう。

タイ北部の山地で焼畑農業を生業としている少数民族の民家は、高床式で入母屋屋根

の頂きに棟飾りをもち、床や壁などに竹材がふんだんに使用されています。一住居に十人ほど住み、男女の領域が分けられています。熱帯雨林に覆われたフィリピンのルソン島北部の民家は、水田の近くに作られる小規模の高床式住居で、家財道具のように認識され、移築も容易となっています。インドネシアのスラウェシ島の山岳地帯の民家は、大きな舟型屋根を持つ高床式で、住居（トンコナン）と同形の米蔵（アラン）を対面に構えて一つの家を構成しています。北を表、南を裏とする宇宙観で、北側にある蔵の下は接客の場となり、炊事は住居の南側と小屋で行われ、蔵と住居の間は農作業の場となっています。

人民共和国万岁
世界人民大团结
天安門の屋根の黄色は、
仏教では天から授かった高貴な色だから
皇帝が権力の象徴としているの。
Beijing , China

沙漠地域である中近東における特徴のある伝統的民家には、次のようなものがあります。

北シリアのムスリミエの民家は、中庭を必ず設けて、その周りに日干しレンガで作られたドーム屋根をのせた三〜四メートル角の正方形の部屋を配置して作られています。部屋は相互に連続しておらず、全て中庭に面しています。中庭の中央には井戸があり、炊事、洗濯などの作業場となっています。男子は独立すると母や女性たちの雑居家屋から出て、一つのドームに暮らし、結婚すると新しい中庭を作り、ユニットを加えていきます。イランのザファルーカンドの民家は、住居頂部に大きな穴の開いた中庭が設けられ、ここが生活の中心となっています。居室の天井は日干しレンガのドームとなっています。イラクのバグダッドの都市住居は、全ての部屋が中庭に面しています。入口横の部屋が主人の部屋で、家族の部屋は奥に配置され、寝室は二階となっています。

牧場地域であるヨーロッパにおける特徴のある伝統的民家には、次のようなものがあります。

東欧や北欧の民家の歴史は、厳しい冬を乗り越えるために、火の熱や煙をさまざまな形で利用する形態が発達しました。スロバキアの民家は、台所を兼ねる前室の奥に火室を設け、パン焼きの窯や暖炉を置いています。その両側に居室を設ける三室構成は、この地域の基本形となっており、厚い壁を構成するために石造と木造が混在し、縦長の小さな窓を設けています。Houseの語源は、ノルウェー語の「火のある家」を意味する言葉ですが、西欧でも、炉が住居部分を分節する役割を果たしてきました。ドイツでは炉のある暖房部屋は家族の集まりに使われ、暖房のない部屋と区別しています。イギリスの伝統住居の家族の団らん、食事などに使われたホールも、フォーマルな空間であるパーラーも、暖房をもつ部屋として位置づけられていました。スイスやオーストリアでは、居住部分に畜舎を取り込んだ一体型の住居が多く見られます。

日本における風土の住まいは、昔から吉田兼好の「徒然草」にも記されているとおり、「家の作りやうは、夏をむねとすべし。冬は、いかなる所にも住まる。暑き比わろき住居は、堪へ難き事なり」と、夏季の蒸し暑さを解決すべく、通風の良い開放的な住まいが求められてきました。しかし日本には、亜熱帯の沖縄から亜寒帯の北海道まで、多様な気候風土があり、生業も併せて、地方性が大きく、住まいのかたちにも影響を与えています。日本の民家も、主に次の五つの型に分けることが出来ます。

一・西南日本型（沖縄、奄美群島、南九州など）

蒸し暑く長い夏季に向かう住まいで、主材料は草や竹、かまやと主屋が別棟

二．瀬戸内・太平洋型（九州、瀬戸内、近畿、東海、南関東など）

花鳥風月を友にできる温暖な気候で、夏季を旨とした住居

三．山地・内陸型（信州、北関東など）

厳しい寒気と山岳という風土で、生業であった林業や養蚕の影響

四．日本海型（北九州、山陰、北陸、東北など）

長い豪雪の冬ごもりが課題で、稲作の単作地域

五．北日本型（北海道など）

厳しい冬の寒さと季節風が課題で、

風通しのいい開放的な高床式の
民家はエアコンいらず！高床の下では
機織りとかするんだって。
Ayutthaya , Thailand

本州からの入植者の貧しさもあり未発達

現代社会では、特に大都市において「風土の住まい」とは程遠い、「工業の住居」に置き換わっています。「工業の住居」の典型は、鉄やコンクリート、ガラスなどの工業製品とエレベータなどの最新設備で建てられた超高層マンションです。その密閉された居住空間では、エアコンなどで室温調節されているために膨大なエネルギーが消費されています。伝統的民家に代表される「風土の住まい」は、気候風土、生業の様式、構造材料など、その土地に合った地球環境にも人にもやさしいエコロジカルな住まいと言えるでしょう。「工業の住居」も、現代人が都市に居住する上では、全く否定するわけではありません。この省資源、省エネルギーで、地域の個性を創出できる「風土の住まい」は、現代こそ見直されるべき住まいのあり方です。先人の知恵と工業技術のそれぞれ良いところを合わせて、新たな風土の住まい文化を創り出すことが、これからの課題になっています。

三．住まいの思想

住まいを文化との関係でとらえると、環境的要因、技術的要因、文化的要因の三つの要因と関わっていますが、文化的要因には、世界観、宗教、社会構造、家族構造などがあります。そのうち、ここでは世界観や住居観などの住まいの思想について考えてみましょう。

住まいの思想の条件となる自然観にもさまざまなものがあります。人間は自分たちが生きている自然環境をどのようにとらえているのか、アメリカの人類学者フローレンス・クラックホーンによると、次の三つのタイプに分けて説明しています。

一つめは「人間は、強力で容赦ない自然の支配下のもと、自然の慈悲で生きている」

天空にそびえる65mの尖塔をもつ
アンコールワットは、カンボジア国旗にも
描かれているよ。

Angkor Wat, Cambodia

という考え方です。厳しい寒さによる氷雪の世界が広がる北極圏や、ハリケーンや津波により住まいが一瞬に破壊されることもある南太平洋の小さな島々などにおいては、大自然の猛威を実際に経験しています。そのような地域に暮らし、科学技術を持たない人々は、過酷で予測しがたい大自然にはかなわないので、出来る限り自然に順応し運命に従い、環境を受け入れることしかないという運命的な自然観を持ちます。このような考え方は、中世ヨーロッパにもみられ、森林は未開の地であり、悪魔の化身であり、不気味で、危険で、制御できないものと考えていました。そこで、迷信やメルヘンの世界で、森の魔女につかまり、危険な目に遭わされるという暗く不気味な森林のイメージを作り上げ、特に子どもたちには近づかないように注意を払いました。恐怖に満ちた服従的な自然観は、超自然現象や悪魔的なものと結びつけて、制御できない自然に対する立場をとっています。

二つめは「人間は、自然環境を支配し、搾取し、統制して生きている」という考え方です。これは、ヨーロッパ文化などで支配的で、人間は自然とは別のもので、自然に優越し、自然を制御、征服する権利と責任を持っているという自然観です。食糧生産、天然資源の利用、土地利用、宇宙開発に至るまでの自然利用の推進に表れています。しかも、農業においても、植物と虫類の自然な生態系など自然のなりゆきに任せるのではなく、生産性を上げるために、殺虫剤によって人間にとって「害虫」を駆除し、化学合成肥料により、植物を大きく美味しく育てて収穫するということが、進歩と考えています。自然は人間のために存在しているという考えは、ユダヤ・キリスト教の伝統とも結びついています。聖書の創世記の一章には、「神が人間に与えた最初の使命は、産み増やし、地を従わせ、すべての生き物を治めることであった」と記されています。中世のキリスト教にとって、自然のままの未開地は、打ち勝ち自分たちが征服しなければならない対象でした。「野生から花園を切り拓くこと」すなわち「自然を開拓して、都市や農場を建設すること」は神の仕事であり、神の代理として人間が行うべき使命であると考えられていました。このようなキリスト教的価値観と結びつき、人間の手の入っていない自然は美しくなく、人工的に整備された幾何学的な庭園などが美しいと考えています。自然を科学的研究や技術開発により解明していくことが、現代文明の使命であるとして、クローン技術や遺伝子組み替えなど、人間が自然の行うべき領域に深く干渉していることが問題視されています。

三つめは「人間は、動植物のように自然の一部で、自然と調和して生きている」という考え方です。ネイティブ・アメリカンの文化には、「自分たちは自然の子どもである」という考え方があり、大地を母、空を父、動物を兄弟姉妹であるととらえ、家族としてみんな一緒に生きていると考えています。人間と自然は相互依存的であるという感覚が強く、自然は人間によって保護され、世話されるべきなので、動植物を食物として取ったり、水を汲むときでも、本当に必要な量しか取りません。彼らにとって、白人によるバッファローの大量捕獲は、信じられない大罪に見えました。

私たち日本人も自然と共生して生きてきました。温暖な気候風土と豊かな自然に恵まれ、自然界には八百万の神と言われるたくさんの神様がいらっしゃることを信仰の

バリの民家は、善悪、
浄不浄の宇宙観で
悪霊除けの門は
住まいを守っているの。
Bali . Indonesia

対象としてきました。稲作を中心とした農作は、その年の気温や降水量に左右されるため、豊作を祈って自然界の神様にお祈りを捧げました。また、漁村では大漁を祈って、海の神様にお祈りしたことでしょう。このように、山の神、海の神、樹木の神、風神雷神、太陽の神など、地形や自然現象、狐やたぬきなど身近な動物たちもすべて神格化して、自然に感謝しながら、自然と仲良く暮らしてきました。美意識も、花鳥風月を愛で、四季折々の美しさを、着物や食器、襖絵などに描いて、衣食住の暮らしとともに自然は身近な存在でした。

これらの三つの考え方も、特定の地域で単一ということではなく、いずれかが優位であり、他の考え方も併存していると考えられています。科学技術の進歩など時代によっても変わっていきます。このような自然観が、住まいのあり方にも大きな影響を与えています。すなわち、人間が作り出した室内環境を、周辺の環境と切り離して人工的に制御しようとする立場と、出来るだけ周囲の環境と共生できるよう自然を取り込んで快適性を高めようという立場があります。また、人間の創造物である住まいを永久的な存在としてとらえるか、自然のサイクルの中で、人間が生きている間だけの仮の住まいとしてとらえるかによって、材料や工法も異なり、堅牢な住まいか、簡単で壊れ易い住まいにするかも異なってきます。

その民族における宇宙観や世界観も、住まいの形に影響を与えます。原始の頃の住まいの特徴の一つは円形状ですが、人類学者ロード・ラグランによると、住まいが四角形よりも円形で作られる理由は、四角形や直角は、自然界にあまり見当たらないが、太陽や月、果実や卵、葉や花の形、人間の身体も、円や曲線により形づくられ、親しみのある円形や曲線の世界観が優勢であるためと説明しています。円形が用いられてきたもう一つの理由は、円形の建物の方が四角形の建物より単純で技術的にも易しいからです。四角形の構造には、物理学や幾何学の知識が必要ですが、容易に曲がる木の枝を円形に組み合わせていけば、ドーム状の建物を簡単に作ることができます。

日本における住居観について考えてみましょう。住居観という概念を明らかにしたのは、住居学者の西山夘三です。住まいに対する要求の背景には住意識というものがありますが、これらをまとめたものが住居観で、住まいについて考える時に「何が一番大切か」ということです。西山先生は、さまざまな階層の人々を対象に、住まいに対する意識や考え方を調査しました。その研究により、住居観は時代や地域、文化によって特徴があ

ります が、職業や収入階層によっても特徴が表われることを明らかにしました。人々がどのような住要求を優先させるかということで、「格式型」「接客型」「作業型」「公私室型」「労働型」「食寝型」「ねどこ型」の七つの住居観と住空間の型を規定しました。「格式型」はしきたりを重視し、床の間のある立派な座敷や広い縁側などの住空間で構成され、階層としては上流階級にあたるものです。「接客型」は応接間などのある戦前の文化住宅で、中流階級にあたります。「作業型」は職住一体の住まいで、「公私室型」はモダンリビングを中心に家族団らんを大切にし、「労働型」はキッチンや家事室を合理的に設計しており、いずれも戦後の一般家庭のものです。「食寝型」は食事室と寝室をなんとか確保し、秩序化を図った小住宅で、「ねどこ型」は寝ることができればよいだけの極小住宅です。

西山先生の階層から見た住空間の型も、日本の住宅問題を考える上で大切な視点ですが、現代社会に見られる「ねぐら」「生活中心」「機能主義」「接客主義」「田園主義」の五つの住居観を設定して、一緒に考えてみましょう。

「ねぐら」の住居観ですが、ねぐらは「寝座」という漢字で表し、「鳥の寝る所。巣」や「人の寝る場所。また、自分の家」の意味があります。さまざまな生活行為を行う住まいというより、単に「寝るための場所」と考えられてます。この住居観は、人々が経済的に厳しい時代または地域において、文化的生活を営めない状況で、住居を最低限の雨露をしのぐ「ねぐら」であれば十分という考え方に基づいています。イギリスなどヨーロッパ諸国では、前述したように、住居法などの法規制によって、基準以下の住居の解消を目指してきました。

日本においては、多くの人々が以前より経済的に豊かになったために、住居が「ねぐら」であれば良いという思想は過去のものになったと言えるでしょう。しかし、実態としては立派な住居であっても「ねぐら」化している例も見られます。大都市近郊では、通勤時間の平均は一時間半で、勤務時間を超えて残業する人も少なくないために、平日に自宅でゆっくり過ごせる時間はほとんどない状況となっています。大学生も通学時間が同様に長く、放課後にアルバイトをするなど帰宅時間が遅くなり、自宅で過ごす時間が少なくなっています。これらのことから、結果的に住まいが「ねぐら」になっています。この弊害として、家族が一緒に夕食をとる機会が少なくなったり、家族団らんの時間も短くなっています。日本の住まいを規定する建築基準法などは、広さや構造、材料など「建物」に関する規定であって、「住生活」に関する規定はありません。住宅政策においても、この状況を見直すものでないことが問題となっています。

「生活中心」の住居観は、家庭生活を大切にする考え方です。実態が前述の「ねぐら」の状況であっても、理想は住まいを「生活中心」の場と考えている人が多いでしょう。マイホーム主義で、家族の団らんを重視し、女性と子どものための生活空間を充実させ、台所など家事労働へ配慮する考え方です。大正時代に、民主主義の考え方が導入され大正デモクラシーが起こり、都市部において核家族化が進み、高等教育を受けた中流階級の人々にこの考え方は支持され、生活改善が押し進められました。その結果、改善された台所や家族のための居間を持つ中流住宅が広がりました。イギリスやアメリカで成立したリビングルームは、現在では

タージ・マハルは総大理石造の
墓廟で、東西南北どちらから
見ても同じデザインなんだよ。
Taj Mahal, India

ほとんどの住宅にありますが、当時の日本ではあまり普及しませんでした。昭和三十年代になり、急速に生活の洋風化が進み、ダイニングキッチンとともに、椅子セット、飾り棚、テレビなどが置かれるリビングルームが広まり、家庭生活の中心となりました。面積の広いリビングルームは、団らんや思い思いの行為を行う場となっていますが、テレビの存在が大きく、家族の語らいなどコミュニケーションの時間が少ない家庭もみられます。皆さんの家庭でも、夕食後の団らんの時間に、テレビのスイッチを切って、語らいの時間で充ててみてはいかがでしょうか。

「機能主義」の住居観は、利便性や能率を優先させた合理的な考え方で、住まいもそのようにあるべきというものです。住まいの歴史を概観したとき、初源の住まいはシンプルで必要最低限のものでしたが、長い歴史とともに発展し、財力を有した権力者たちは、その権力を示すために、豪華な装飾に凝り、広々とした部屋が使い切れないほどの数で構成された宮殿のような住まいを作りました。

二十世紀になり、デザイン革新が起こり、過去の装飾主義は徹底的に否定され、「用の美」とも言える機能主義が誕生しました。家具や空間デザインについても、装飾を排したシンプルなデザインのものが好まれましたが、空間においても、より機能的なものが求められました。建築家ル・コルビュジェが、著書『建築をめざして』の中で、「住宅は住むための機械である」と宣言したとおり、人間に奉仕する快適なシステムを構築することを主張しました。格式を重視した、かつての住まいは、家族の日常生活にとって無駄な空間が多く、特に台所などの家事空間が軽視されていました。住まいの労働空間において、いかに動線を短くし、コンパクトな空間とするかがテーマになりました。アメリカでも、女性の地位向上と家政婦の人件費削減のために、家事労働の能率向上を目標に、キッチン空間の改善が図られ、次々に発明される冷蔵庫、洗濯機などの家電製品も一役を買い、機能性が高められました。

「接客主義」の住居観は、どのようなものでしょう。住まいとは、もともと自分や家族の居場所のために作られたものですが、人間が社会的な存在であるために、他者とも対応しなければならず、他者が住まいに訪れることもあります。その他者を住まいに招き入れて、もてなすことが接客で、格式を尊重しなければならない場合と、気を遣わない親しい友人や親族の場合があります。かつての日本の住まいは、儀式や行事を行う「ハレ」の日と、日常生活の「ケ」の日があり、「ハレ」には座敷などの「オモテ」の空間を使い、「ケ」には、茶の間や台所など「ウチ」の空間を使っていました。これは「秩序の住まい」と関連することですが、封建社会では、社会における自分の位置づけが重要であり、「格式」というものを最重視していました。質素に設えられた「ケ」の空間とは異なり、「ハレ」の空間である座敷は客に対して最大限の敬意を払い、床の間、書院、違い棚、襖、欄間など高級な建材を用いて立派な設えとしていました。ここを使えるのは主人と来客のみで、家族が使用することは出来ませんでした。江戸時代には家作制限というものがあり、この贅沢な住まいは特別な階級の人だけに許可されていました。明治時代以降、この制限が無くなったために、一斉に格式志向が高まり、一つのステイタスとして、床の間付きの座敷に憧れました。その後、大正時代になり、

仏塔には仏陀の知恵の目が
四面に描かれて、目と目の上には
眼力のシンボル第3の目があるんだよ。
Kathmandu , Nepal

生活の洋風化に伴い、玄関脇にソファセットの置かれた応接間が普及しました。

戦後になり、封建的な家父長制が批判されたことや、公団や公営住宅で「生活中心」が最優先された結果、接客空間や精神的な空間が切り捨てられ、床の間や神棚が設えられた座敷や応接間のない住まいとなりました。その結果、客を招くことが出来なくなり、空間に奥行きがなくなり、単に家族のためだけの「ねぐら」的な住まいになってしまったという指摘もあります。

接客を「地域社会との積極的な交流」ととらえて、玄関の近くに、地域の人々が気軽に訪れて交流しあえる空間を作ろうという試みもあります。これは、現代の閉鎖的な住まいを、地域や自然環境に開かれた開放的な住まいとするためにも有効な手法であるとして注目されています。

「田園主義」の住居観についてみてみましょう。イギリスでは、二十世紀初頭に理想の田園都市が建設されるなど、自然環境の豊かな場所で生活して、太陽の光や風に恵まれた良好な居住環境を確保しようとする動きがありました。十九世紀ヨーロッパでは、芸術分野でも、従来の聖書や神話の世界を描く宗教画や形式化された風景画から、野外で自然を観察し、森や田園風景などをありのままに描く自然主義へと移行していきました。その代表的な画家は、ミレーやコローなどのバルビゾン派で、その後の、主題を強調する印象派へとつながっていきます。イギリスのウィリアム・モリスによるアーツ・アンド・クラフツ運動という美術工芸運動は、産業革命により安価で質の悪い大量生産品が社会に広がっている状況を批判し、中世の手仕事を手本とし、生活と芸術を統一することを主張しました。アーツ・アンド・クラフツのデザインのモチーフは、野草や鳥など身近な自然が好まれました。この思想はその後のアール・ヌーヴォーやバウハウスなどにも大きな影響を与えました。

日本では、茶の湯において、町の生活と対比させた山里の趣を表現した「わび・さび」という思想がありました。禅の思想でも、自己やこだわりを捨てて、自然のままであるという「無」の境地というものがありました。日本では、人工的、作為的でないものの象徴としての自然観があったようです。また、美しい四季に恵まれ、花鳥風月を愛でるという、四季折々の自然を生活に取り込むことも行われてきました。着物の柄や、襖絵などに描かれた美しい自然は、小さな生命をテーマにした心象的なイメージが多く見られます。

かつては、それほど自然を意識しなくても、住まいは地域で産出された自然材料でつくられ、自然と共生する民家であることが当たり前でしたが、近代以降、工業化や商品化が進み、工業製品でつくられた人工的な住環境に暮らすこととなりました。近年では、地球環境問題も大きく意識されるようになったために、エコな暮らしとしての田園主義が注目されるようになりました。

近年では、住宅メーカーや不動産屋の広告やモデルハウスを見て、住宅を「商品」として購入するようになりました。そのために、広告に描かれたライフスタイルを理想の住まい方であると信じて、これを自分の住居観であるかのように錯覚して、住宅メーカーの提案する住宅をそのまま購入する人が増えています。便利な最新設備を取り入れたくなり、また外観やインテリアのデザイン面ばかりに気持ちが奪われた結果、

小さな漁村だったドバイは中継貿易で
発展して、世界一の超高層ビルもあるんだよ。
Dubai

自分らしい生活を、いかに住まいで実現するかについて、あまり考えなくなっています。住居観は、文化的生活から形成されることもあり、文学作品やよい映画を観ることによって、そこに描かれたライフスタイルに共感したり、両親や祖父母から受け継がれた生活観などから形成されるべきものです。日本においては、家庭科教育など学校教育における「住教育」が十分になされていない現実もあります。子どもの時期に、日本の気候風土に根ざした住文化を学ぶ機会がもっと増えれば、豊かな暮らしに対する意識も変わってくることでしょう。皆さんも、これからじっくりと時間をかけて、自分らしい住居観を見つけてほしいと思います。

四・安らぎの住まい

住要求のうち、自己保全のための「生存要求」は、厳しい自然や他者から、自分や身内または食糧などの生活必需品、生活財などを守りたいという要求です。それは、気候風土、襲撃・侵入、脅威の存在などの条件によって異なりますが、それらを防いで得られた住居は、「安らぎの住まい」と言えるでしょう。では、人間にとって、安らぎを脅かす「不安」とは、どのようなものでしょうか。

他者に襲われ自分の生命が危機にさらされるという不安があります。その襲撃から、自分や身内、家畜、食糧や生活財を守ることが、住まいに期待されます。

孤独の不安は、人間が社会的動物である

このイスラム教の礼拝堂
「モスク」は白地に青の
装飾タイルが
とてもきれい!
Istanbul, Turkey

ことから、仲間がいない状態からくる不安です。人間は集団で生活をしており、最小単位は家族で、家族単位ごとに住まいを築いて暮らしています。住まいがたくさん集まって集落を形成します。現代社会でも、一人暮らしの寂しさを紛らわすために、犬や猫などのペットとともに暮らす人も少なくなく、癒し効果を求めているのでしょう。

暗闇の不安もあります。原始時代の自然環境は、夜間には月や星の明かりしかありません。暗闇のなかでは、猛獣などの外敵に突然襲われるなど、事前に予知出来ない突然の危険に対して、大きな不安を感じるのです。現代人は、本当の暗闇を経験したことがないかもしれません。夜間に外出しても、都会では建物から漏れる灯りや街灯によって、周囲が見えないで困ることはまずありません。わざわざ暗闇の不安を経験するために、作られた暗闇という遊園地のお化け屋敷に入って、暗闇の恐怖を感じる人もいます。

現代人の多くは信じていないでしょうが、地域によっては、人間を脅かす悪霊の存在を信じている人々がいます。彼らにとって、悪霊は大きな不安になるでしょう。例えば、バリ島では、共同体が悪霊によって危険に脅かされた時、人々は「サンギャン」という儀礼的伝統舞踊を踊ることによって、人間が神々に保護してもらい、共同体の穢れを祓い、善と悪の呪的なバランスを回復させます。このように悪霊に対して不安を抱き、悪霊祓いの習慣を持つ地域は、インドネシアやインド、フィリピン、日本などアジア、アフリカ、中南米と世界各地に見られます。

空間における住まうことの意味について、ドイツの哲学者オットー・フリードリッヒ・ボルノウは、『人間と空間』のなかで「住まいとは、人間にとって世界の中心であり、平安が侵されない領域で、わが家としてくつろぎ、繰り返しそこへと帰郷することのできる場所である」と述べています。ボルノウの考えでは、人間は自分たちが築いた空間を、安全に庇護する領域として作り上げ、居住空間の住み心地を良くして、くつろぎや快適性、わが家に居るような本質を求めています。この住み心地の良さには、次の七つの特徴があるとしています。

一．居住空間が隔離されているという印象をつくり、人間にとって外部世界からの避難場所であることが重要です。ガラス張りの建物などは、外部世界へ開かれている印象があり、住み心地を損なうこともあります。このような場合は遮断するカーテンなども有効な機能を持っています。

二．大きすぎない適度な小さい空間をつくることも重要です。大きな空間では、くつろぎを得ることができません。また小さすぎても不安を覚えるので、実際の生活にあった大きさが必要で、これは個々の人間によって異なります。

三．空間が調度品によって整えられている必要があります。壁紙も貼っていない、調度品もない空間は寒々とした感じを与えます。調度品も事務スペースのようなものはふさわしくありません。寂ばくでも飾りすぎでもない空間が望ましいものです。

四．暖かな空間も必要です。暖房の整っている空間は、冬季に気持ちよく感じます。また、ゆったりと手足を伸ばして腰掛ける椅子や、暖かい壁の色、明るい暖かな光も、空間に晴れやかな快適性をもたらせてくれます。

五．空間や調度品が愛情をもって手入れされていることも大切です。無秩序やだらしなさは排除しなければなり

ロシア正教会のシンボル
たまねぎ屋根は火焔を表し
イスラムのビザンチン様式の影響だよ。
Moscow , Russia

ませんが、過度の秩序も重苦しく作用します。読みかけの本や手のつけられた仕事などの、人間の生活の痕跡が安らぎを与えてくれます。調度品も、愛情を持って選ばれ、手入れされていることが、心温まる快適さを与えてくれます。

六．どのような調度品も、初めはよそよそしく、冷ややかな印象ですが、長いあいだ使用され、使い古されることにより、徐々に空間に同化されていきます。そのため、住居用の家具調度は、初めに全てを一式で買い揃えるのは良くありません。

七．人間の安定性の感情には、住居のなかで歴史を持っているものを欠かすことができません。使った痕跡やちょっとした損傷も価値を持っています。このように住居は生活の歴史の表現であり、そこにあるものは何かを思い起こさせてくれます。ゆっくりとした人間の成長がもつ信頼感が安らぎに反映しています。

そして、家屋の本質は、単独の人間ではなく、家族という共同体がつくり出すものです。住まいの安らぎをつくり出しているのも家族であり、住み心地の良さは、一緒に生活している人間のために庇護的な生活空間をつくり出すだけでなく、他人に対しても実り豊かなものとなると述べています。

私たちは、「他者に襲われる」という不安を取り除くために、他者の侵入を遮る「閉ざされた空間」を獲得するために住まいをつくり、そこに身を潜めることとしました。その閉ざされた空間においては、自分が全てを支配し、恐れるものはありません。しかし、閉ざされたと言っても、自分や身内もその空間内部に出入りするために、扉を設ける必要があります。また空間内部に、昼間の太陽光を取り入れたり、風を通すための窓も必要となります。せっかく、頑丈に閉ざしていても、その扉や窓が大きな弱点となります。そこで、その扉や窓から他者が侵入しにくいように、さまざまな工夫を凝らしました。空間内部から施錠する鍵をつけたり、窓を小さくして人間が通過できなくしたり、夜間に閉じる鎧戸や格子を取り付けたりしました。

閉ざされた空間を、さらに強固にするために、住まいに工夫を加えました。それは、元々内部空間は、一つの大きな空間でしたが、他者の侵入に対して、安全性を高めるために、空間の分節を行いました。人間が住まいに居て、最も不安な状態となる「就寝」の場を、他の空間から隔離して、さらに閉ざされた「室（むろ）」として設けました。寒い地域で、暖房設備が十分でない時代には、狭い「室」に人々は集まって、身を寄せて暖め合って就寝していました。蒸し暑い地域では、閉ざされた空間は風通しが悪く、たいへん暑苦しい環境になります。しかし、悪霊や他者の侵入を防ぐことを優先して、窓を設けない寝室が多く見られます。では、就寝の際などの蒸し暑さをどのように解決しているのでしょうか。東南アジアなどの暑い地域で、成長が早く住まいをつくる材料としてよく使われる竹を使う工夫です。床も壁も天井も、この竹で隙間を空けて格子状に編んだ「網代（あじろ）」という通気性に富んだ仕上げにしています。また、ベッドや家具なども同様に竹や藤（ラタン）で作り、風通しを確保しています。

近代以前、日本では江戸時代まで、夜間に暗闇が決定的な支配力を持っていました。現代のように電気が通っていませんから、夜間は、屋外はもちろん室内でも暗いのが当たり前でした。室内の照明は、燭台に蝋燭や油で灯した裸火が用いられていました。後に風で炎が消えないように、和紙を貼った枠で覆われたものが行灯（あんどん）です。

人類が火を発見した時代まで遡ると、「火」は暖房であり、光でもありました。その効果は、実用的な意味だけでなく、象徴的な意味でも「光」でした。自然環境のなかで暮らしていた当時は、暗闇の支配を遠ざける火のまわりに人々は集まりました。人々は手を火にかざし、からだ全体に暖かさが伝わり、緊張感がとけ、気分も和やかになりました。火はまた人々を脅かす猛獣や悪霊を遠ざける力もありました。このように、火の発見から数千年、人類は住まいの中心に火を置き、火を囲んで暮らしてきました。長い間、火は安らぎの本質を与えてくれました。

近代になって、電気が行き渡るようになると、電気による暖房や照明が発明され、急速に普及していきました。しかし、ヨーロッパの人々は、電気が普及した後も、住まいの中心に暖炉を置くことを大切に守り続けています。照明も部屋全体を明るく照らすことを避けて、暖かみのある電球による間接照明で、室内空間を適度な明るさ（暗さ）に保っています。街灯も、電球を用いて、落ち着いた明るさの夜景となっています。一方、日本の住まいの照明は、天井に明るい蛍光灯を設置して、部屋の隅々までとても明るくしています。都会の夜景は、街灯やコンビニなどの照明により昼間のような明るさと言えるでしょう。日本においては、住まいもまちも「やすらぎの危機」に瀕しています。

谷崎潤一郎は、「陰影礼讃」という随筆集のなかで、この室内空間の薄暗さについてすばらしい感性を記しています。ここでは、少し長くなりますが、京都の老舗旅館における薄暗さと漆器の美しさについて書かれた文章を、以下に引用します。

「わらじやの座敷と云うのは四畳半ぐらいのこじんまりした茶席であって、床柱や天井なども黒光りに光っているから、行燈式の電燈でも勿論暗い感じがする。が、それを一層暗い燭台に改めて、その穂のゆらゆらとまたたく蔭にある膳や椀を視詰めていると、それらの塗り物の沼のような深さと厚みとを持った艶が、全く今までとは違った魅力を帯び出して来るのを発見する。そしてわれわれの祖先がうるしという塗料を見出し、それを塗った器物の色沢に愛着を覚えたことの偶然でないのを知るのである。（中略）漆器と云うと、野暮くさい、雅味のないものにされてしまっているが、それは一つには、採光や照明の設備がもたらした「明るさ」のせいではないであろうか。事実、「闇」を条件に入れなければ漆器の美しさは考えられないと云っていい。今日では白漆と云うようなものも出来たけれども、昔からある漆器の肌は、黒か、茶か、赤であって、それは幾重もの「闇」が堆積した色であり、周囲を包む暗黒の中から必然的に生れ出たもののように思える。（中略）いにしえの工藝家がそれらの器に漆を塗り、蒔絵を画く時

ログハウスのような校倉造に茅葺き屋根と
日本の古民家と、とっても似ているね。
Estonia

は、必ずそう云う暗い部屋を頭に置き、乏しい光りの中における効果を狙ったのに違いなく、金色を贅沢に使ったりしたのも、それが闇に浮かび出る工合や、燈火を反射する加減を考慮したものと察せられる。つまり金蒔絵は明るい所で一度にぱっとその全体を見るものではなく、暗い所でいろいろの部分がときどき少しずつ底光りするのを見るように出来ているのであって、豪華絢爛な模様の大半を闇に隠してしまっているのが、云い知れぬ餘情を催すのである。そして、あのピカピカ光る肌の艶も、暗い所に置いてみると、それが灯し火の穂のゆらめきを映し、静かな部屋にもおりおり風のおとずれのあることを教えて、そぞろに人を瞑想に誘い込む。」

ここでも述べられているとおり、日本の座敷の前には、必ず一間程度の縁側があり、座敷との間には障子が入れられています。縁側の外には深い軒があり、直射日光が遮られています。庭砂に反射した光が障子を通して「幽かな」光となって座敷に入り込みます。座敷の壁は微妙な色調のじゅらくの砂壁で、光はしみ込むように吸い込まれていきます。そのような薄暗い座敷には、小さなろうそくの灯が行灯の和紙を通して幽かに光を発していいます。本来の日本の座敷は、陰影に支配された美しい空間であったのです。この陰影が、そこに居る人に限りない安らぎを与えていました。

いろいろな動物と同じように、人間は「なわばり」によって自分の領域を確保して、他者や悪霊などから身を守り、住まいの安らぎを得ています。

古代の日本では、緑の生け垣で住まいを囲んでいました。神の依代（よりしろ）であった青葉の霊力で悪霊の侵入を遮ることが出来ると信じていたという説があります。青葉というのは、常緑樹のことで、ヨーロッパでも、クリスマスツリーに常緑樹である樅の木が用いられています。この常緑樹の一年中葉を茂らせる緑の姿は、神の永遠の愛や命の象徴となっています。そのように霊力があると信じられている青葉の生け垣を破ることは、禁を犯すことであり、たたりを恐れて、決して行うことは出来ません。日本のように森羅万象に霊が宿ると考えるアニミズムの世界観では、同様の方法によって、なわばりの安らぎを得ようとしています。

結界や標（しめ）も、同じように領域を分ける効果があります。これらは、安らぎの神々が守る「聖／浄」の領域と、悪事が横行する「俗／不浄」の領域を分けています。神社において、拝殿や本殿にはしめ縄が掲げられ、神体の鎮座する領域と人間の領域を分けています。また境内の入口には鳥居という象徴的な門があることからも分かります。

アメリカの文化人類学者エドワード・ホールは、なわばりの距離や作られ方は文化によって異なることを示しています。日本のように、森羅万象に霊が宿ると考える文化では、呪術性を組み込んだ暗示的な結界や標が有効な手段となります。一方、牧畜を生業としているヨーロッパなどでは、明示的な柵などが有効となるでしょう。いずれにしても、なわばりによって、安らぎの領域を確保しようと考えています。

十八世紀のヨーロッパで、住まいに私室という個人のための専用室が誕生しました。それ以前は、家族共有の室で、肩を寄せ合って暮らしていました。私室の誕生により、個人は家族からも自由になり、私室の安らぎを獲得しました。私室が誕生した背景としては、当時のヨーロッパにおける学校教育の成立と、中産階級の核家族化がありました。中産階級は、専門知識や技術を持つ

巨匠アアルト設計の住まいで、自然環境と
繊細なインテリアデザインの調和がとてもステキ！
Villa Mairea , Finland

法律家や医師、教師、技師などの家庭で、子どもにも専門知識を与える学校教育に期待をしていました。それまで、若年で就業していた子どもたちは、学校で勉強することとなり、家庭で子どもの自立を促し勉強をする空間として、子ども室を与えることが、親の責務となりました。私室は、暖房や照明により快適になり、個人の安らぎの空間となりました。その後、プライバシーの権利意識も高まり、なかには鍵が取りつけられている部屋もあります。現在の日本でも、子どもの勉強部屋が、時には引きこもりなどの病理症状をつくり出すために、さまざまな視点から議論されています。

五．秩序の住まい

住まいにおいて一定の安らぎが得られたとすると、次に人間が住まいに期待するものは何でしょうか。それは、住まいの中での行為や数多くのモノをきちんと整理して、住生活を円滑に秩序をもって過ごしたいという要求ではないでしょうか。秩序とは関係のルールなので、家族にはルールが必要ですが、一人暮らしの住まいでは、人間関係のルールは必要ありません。モノについて多くの種類や量がある場合に、何らかのルールで整理する必要が生じます。すなわち、秩序とは、人間と人間、人間とモノ、モノとモノ等の関係を、きちんとしたルールで整理することです。広大な住まいであれば、人間やモノが溢れていても、何とか住生活は成り立ちますが、一般の住まいは、

ピッピと友だちになれたよ!
銅の産地であるダーラナ地方の
伝統色ダークレッドの壁が印象的。
Pippi
ダーラナホース
Dalarnas , Sweden

空間の広さが限られているので、この秩序の問題を解決しないと、混乱を生じることになります。

住まいは他者から身を守るために、外部に対して堅く閉ざす工夫をしていますが、時には友好的な他者を、住まいに招き入れることも必要となるでしょう。そのために空間装置を、どのように工夫してきたのかをみてみましょう。一般的に外部から住まいに入るまでには、門、アプローチ（門から玄関までの小径）、玄関があり、門は敷地内に入るための第一関門です。日本の武家屋敷など立派な住宅では、相当頑強に造られていて、中から開けてもらわないと通ることは出来ません。門をくぐればアプローチを通って玄関に至ります。このアプローチは、外でも内でもない中間領域で、一種の緩衝空間となっています。茶室へ至る露地と同じく、ここで訪れた人が住まいの中に入るための心の準備を行います。玄関は、来客にとって最も重要な関門となります。辞書で「玄関」を調べてみると、最初に「（仏教用語で）玄妙な道に入る関門。禅寺の方丈に入る門」とあり、次に「寺院の表向き。公家屋敷の車寄せ以外の出入口。武家の居宅で正面入口の式台のあるところ」「転じて、一般の建物の正面に設けた出入口」と書かれています。現在では、建物の正面入口のことですが、本来は格式の高い建物に入るための関門であったことが分かります。日本では、玄関で下足と上足の履き替えが行われます。この行為によって、さらに「うち」に上がることが強く意識されるでしょう。住まいの顔ともなる玄関は格式を表現するように上等な材料で設えられています。そこから通される客間も同様に、格式の高い空間となっています。このように、従来の日本の住まいでは、招かれる他者は、たいへん大切に扱われて、日常空間よりもずっと格式を上げ、空間の特徴を明らかにするという秩序化がみられ、生活にけじめをつけていたと考えられます。

　このような表向きの空間のことを「晴れ（ハレ）」の空間と呼び、稲作文化の日本においては、神とともにある祭りのための空間で、大切な接客などもこの空間で行われました。座敷などの「ハレ」の空間は、南側の庭に面した最も快適な場所に設けられ、畳敷き、仕上げ塗壁、床の間、襖戸などの格式の高い意匠となっています。一方、日常生活を行う空間を「褻(ケ)」の空間と呼び、家族の寝室や台所などがこれにあたります。「ケ」の空間は、北側の眺望のない陰気な場所に設けられ、板床にむしろ敷き、荒壁、木戸など簡素な仕上げとなっていました。

　ヨーロッパの住まいにおける接客については、エントランスという玄関がありますが、靴を履き替えない一足制なので、そのまま空間がつながっているリビングルームに、気軽に入れる住まいも少なくありません。リビングルームは元々ホールの延長と考えられていて、開かれたパブリックの要素が大きい空間です。そのため従来の日本の住まいのように、茶の間と客間を分けるのではなく、リビングルームに来客を招き入れるというのが普通のスタイルです。空間の秩序からいうと、ヨーロッパの住まいは、寝室が真のプライベート空間なので、そこに心理的な関門を置いています。

人間と神様の秩序についてもみてみましょう。これは浄と不浄の秩序であり、人間の行動のけじめと考えられます。例えば、洋風の住まいでは、廊下や洋室など板貼りの床では上足としてスリッパを用いることがよくあります。この板間で使っているスリッパで、和室の畳の上に踏み込むことは

BAUHAUS
バウハウス創立宣言
「あらゆる造形活動の最終目標は建築である!」
かっこいいね。
Dessau , Germany

ありません。また、不浄な空間と考えられているトイレで使っているスリッパは、それ以外の部屋で用いるのに抵抗がある人が多いでしょう。この浄と不浄の秩序観は、古神道における不浄を意味する「けがれ」に由来しています。「よごれ」は表面的で一時的なものであるために簡単に洗浄することが出来ますが、「けがれ」は内面的永久的なものであるために「清め」という儀式によらないと洗浄できないものとされています。「けがれ」は、排泄など生理的な現象と深く関わっています。そこで、住まいを「けがす」と守護神の降臨が望めなくなるため、住まいを常に清浄に保つことは大切な心得とされていました。また昔の日本の住まいには、「かまどの神様」や「トイレの神様」など火や水を使う場所には神様がおられるという信仰もありました。

バリ島の家屋配置は、塀で囲まれた敷地内に小さな家屋をたくさん建てる多棟型です。これは「ナワ・サンガ」といい、バリ・ヒンドゥーの宇宙を象徴する神々の体系です。ナワはサンスクリット語で九を意味し、サンガも古ジャワ語で九を表しています。九の神々が、方位の守護神として配置されます。中央のシヴァを囲んで、東にイーシュヴァラ、南東にマヘーシュヴァラ、南にブラフマ、南西にルドラ、西にマハーデーヴァ、北西にシャンカラ、北にヴィシュヌ、北東にシャンブが配せられます。バリ島の方位は、山側（カジャ）と海側（クロッド）と、太陽の昇る東（カギン）と沈む西（カウ）の四方位の組合せによって決められています。神の棲む山側（カジャ）が浄で、悪霊の棲む海側（クロッド）が不浄とされ、山に向かって右手が善の世界、左手が悪の世界とされています。バリ島は、中央高地によって南北に分けられますが、カジャとクロッドの方位が逆転します。カジャとクロッドは単に山と海ではなく、高い場所と低い場所も意味しています。

この方位観とナワ・サンガの観念と結びついてバリ島の家屋配置や壁や窓、門の配置まで計画されています。例えば南バリでは、シヴァによって守護される中央はナタルという庭地とし、最も神聖な領域であるカジャ・カギン側（北東側）には、祖神やヒンドゥーの神々の祠が設けられ、悪いクロッド側には、台所、穀倉、家畜小屋、井戸などの建物が設けられます。台所については、火の神ブラフマの支配により敷地の南側に設けられ、井戸は、水の神ヴィシュヌの支配により北側に設けるのがよいとされています。

さらに室の機能について考えてみましょう。最も原始的な住空間の分節は、就寝の場とそれ以外の領域を分けることでした。これは、就寝の庇護という安らぎの確保に結びついていました。住まいの秩序化を考えるときに、その他の室をどのように性格付けしているかがポイントになります。ヨーロッパの住まいでは、居る、寝る、食べる等すべて専用の家具を使用して行っていることが分かります。ベッドが無かった原始時代にには、寒さをしのぎクッション性を確保する目的で、動物の毛皮などを下に敷いて就寝していたと考えられます。その後五千年くらい前のエジプトで、ベッドが使われていた記録が残っていて、ローマ時代以降ベッドルームが誕生し現代に至っています。他にも、椅子やテーブルを使用した生活様式が確立し、ヨーロッパの住まいでは、その家具が置かれた室はその目的で使用するという室の専用化が進み、室名もリビングルーム、キッチン、ダイニングルーム、ベッドルームという使用目的で呼ばれています。この室の専用化は、重要な住まいの秩序化となりました。

戦前までの日本の住まいは、畳が敷かれた和室が中心で、その部屋の広さ（畳の枚数）で、「八帖の間」または位置で「奥（オク）」などと呼ばれていました。日本の和室の畳の上には、家具を永続的に置かないのが普通で、置くとしても座卓や座椅子など、簡単に移動させることが出来るものに限られていました。各室は主に使う人が決められていて、さまざまな使い方が可能でした。ちゃぶ台を置けば食事の空間に、ちゃぶ台を片付けて布団を敷けば就寝の空間というように、使用目的の転用が可能な室のつくられ方でした。西山夘三は、戦後の庶民生活の研究を重ね、住生活の秩序化を促す「食寝分離論」を唱えました。その間取りでは、ダイニングキッチン（DK）と呼ばれる洋室に食卓を置くことで、就寝の場を他の室に求め、食事と就寝の領域を分節することが出来ました。これは昭和三十一年の住宅公団の団地の標準設計に受け継がれ、nDK型住宅として普及し、現在に至っています。同時にこの頃、夫婦のプライバシー確保と子どもの人格形成のために、夫婦と子どもの寝室を別の二室に分けるべきという「就寝分離」という考え方も示されました。このように住まいにおける機能的なゾーニング(間取り)の考え方が進み、高度経済成長期には、家族の生活の場として居間などの公室と個人の私室を区分して考える「公私室分離」という手法によって、家族の団らんの場である居間を中心にしたLDK型住宅が普及しました。

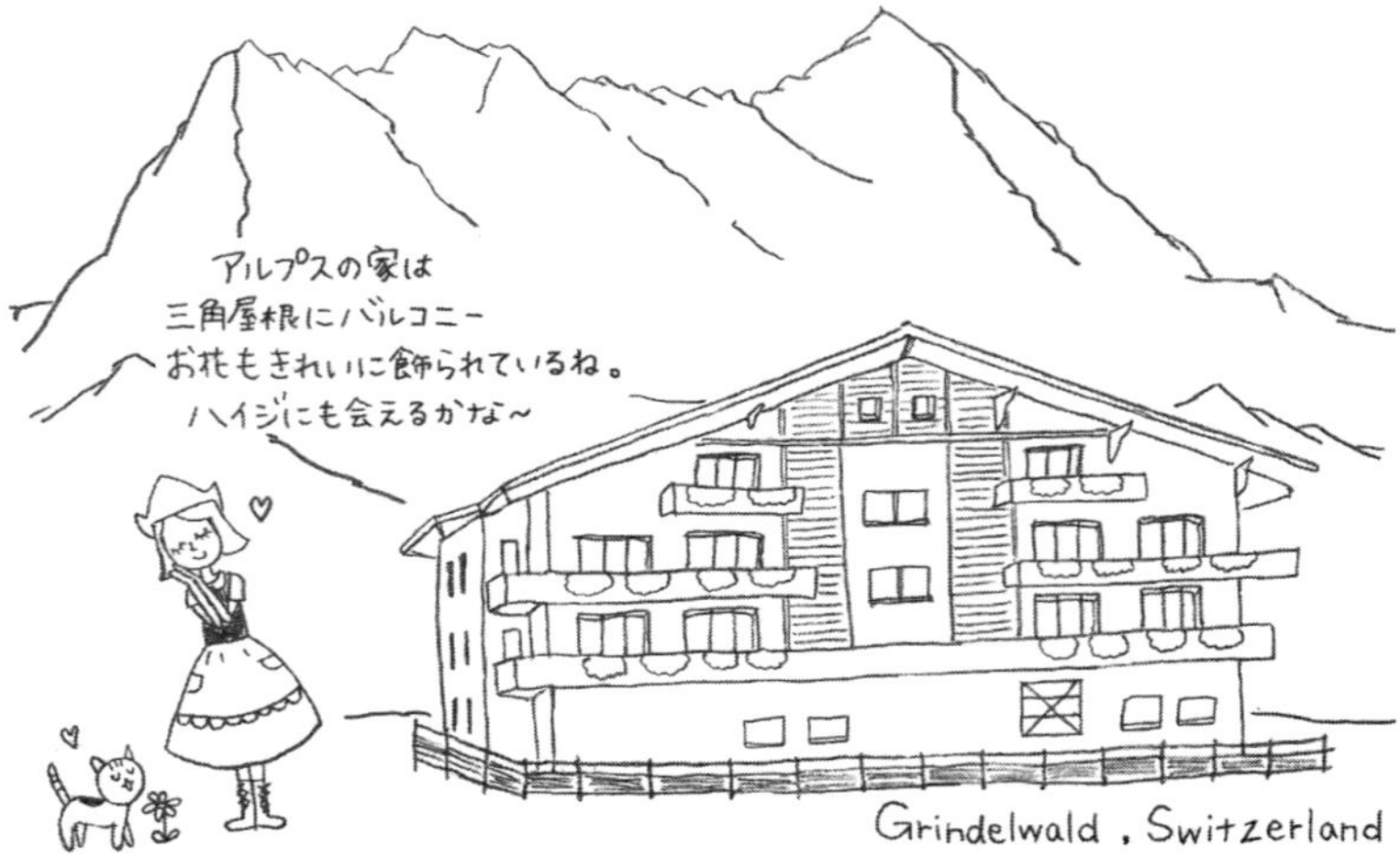
アルプスの家は
三角屋根にバルコニー
お花もきれいに飾られているね。
ハイジにも会えるかな〜
Grindelwald , Switzerland

住まいにおける家事労働の効率化について考えてみましょう。家事を効率よくし、身体に負担をかけないようにするためには、動きやすい空間をつくることが大切です。例えば台所では、流し台、作業台、調理台、レンジ、冷蔵庫、食器棚などの配列がコンパクトに作業の流れに沿っていることが重要です。また、他の家事を行う空間とのつながりや、家族の顔が見える配置などにも考慮して、効率的かつ楽しく炊事ができる空間づくりが望まれます。

現在の住まいにおいて、秩序を高めることは良いことですが、機能性や合理性ばかりを優先しすぎて、無駄と思える空間を排除してしまい、ゆとりのない文化的につまらない住まいとなってしまう傾向も見受けられます。

住まいは家族関係の秩序とも関係しています。社会人類学者の中根千枝は、三つの家族型に対応する三つの住居を示しており、イギリス（北欧）型、インド・イタリア（南欧）型、日本型で、それぞれ個室と公室（居間・食事室）の関係に特徴があります。イギリス型は、個室がしっかり確立していて、公室とはきちんと区別されています。インド・イタリア型は。個室はありますが、生活の中心は広間なので、個室のドアも開けたままで出入り自由になっています。日本型は、個室と公室の確立がなく、家というまとまりの中で軽い分節がある程度でプライバシーがありません。これらの空間のあり方は、それぞれの文化における家族関係の独立性と関連しています。しかし、近年の日本では住まいの洋風化に伴い、家族文化が従来のかたちのまま、イギリス型の独立した個室をもった住空間となっています。ヨーロッパの夫婦中心の家族文化ではなく、母子中心の家族文化をもつ日本において、相対的に子どもの主張や都合が聞き入れられ、個室が子どもに占拠され、さまざまな問題を引き起こすケースもみられています。

住まいのなかにある多くのモノをどのように整理するかということも、秩序化の問題となります。中世ヨーロッパでは、大切なものはチェスト（櫃）に入れて寝室に置いていました。チェストは頑丈な木製でつくられ鍵もかけられていました。日本でも、チェストに比べると簡単なつくりですが、筥（はこ）と呼ばれる竹で編んだしっかりとした入れ物に大切なものを入れ、室（むろ）と呼ばれる寝室に置いていました。モノが増えてくると、ワードローブや箪笥がつくり出され、そこに収納されることとなりました。日本の住まいのモノの秩序は、茶の湯の作法と関連して、和室ではモノを置くのは床の間に限定され、床面をすっきり整頓させることが大切でした。戦前までの日本では、モノを多く持たない質実で礼を重視した生活観が一般的でした。高度経済成長期以降の豊かさの指標は、次々に発売される家電製品などを家庭に取り込んでいくこととなりました。アメリカのテレビドラマで憧れのライフスタイルを学び、掃除機、洗濯機、冷蔵庫、カラーテレビなどはもとより、ほとんど使わないけれど生活を便利にしてくれそうな商品をどんどん購入しました。洋服や靴なども手頃な価格となり、多くの家庭でシューズボックスやクロゼットには、収納しきれないほどのモノが溢れていることでしょう。近頃ではモノを捨てる心得を書いた書籍がベストセラーとなっているくらいです。私たちにとって本当に豊かな暮らしとはどのようなものかを、じっくり考えるべき時が来ています。

現在、さまざまなコレクションをしてい

水の都ヴェネツィアでは
仮装とマスクによるカーニバルが有名だよ。
Venice , Italy

る人がいて、お気に入りのモノを相当なスペースにきれいに陳列している住まいを見ることがあります。このように住まいに、多くのモノが展示されるようになったのは、ヴィクトリア時代のイギリスであると言われています。当時インテリア商品が大量生産され、比較的安価で購入することが可能になりました。それまでは、このように美術品などを室内空間に飾るのは、上流の貴族階級くらいでしたが、一般の中流階級にも広がり、居間の壁はたくさんの絵や写真で飾られ、骨董の収集品で床が埋めつくされました。これらの現象は、住まいを楽しむという住居観に受け継がれ、現在に至っています。

六．楽しみの住まい

住まいにとって、「安らぎ」や「秩序」は、生活していく上で必要となる住要求であり、それらが欠如するとさまざまな問題が生じる場合があります。しかし、住まいにおける「楽しみ」は、それがないと困るものではありません。すなわち、文化であり遊びであるとも言えるでしょう。遊びの住まいとは贅沢なイメージがありますが、必ずしも大邸宅のみのことではありません。小規模な住まいでも、ちょっとした「遊び心」で住まいを楽しむことは可能です。「楽しみ」は、人間の精神的な疲れを癒してくれたり、生活に潤いを与えてくれるもので、これからの住まいは、この楽しみ意識が大きくなっていくでしょう。

「エーゲ海の白い宝石」
ミコノス島では、家も道も真っ白で
まぶしいね!
Mykonos, Greece

住まい空間を自分の好きなデザインに「飾る」ということは、楽しみの一つであり自分らしさの表現と言えます。住まいだけでなく衣服や化粧など「飾る」という行為は、古代からいろいろな場面で行われています。民族的な意匠は、神への祈りや魔除けのしるし、自然の中で共に生きる動植物など、生活上のさまざまな意味があったと考えられます。

住まいの外観を「飾る」ということは、集落のなかで自分の住居であることの目印になります。また他人に対して、権力や経済力の誇示にもなるでしょう。飾ることによって住まいは、外部環境から切り取られた「居場所」としての機能だけでなく、キャラクターを持つ存在になります。個性だけでなく外観デザインを周辺地域と同化させて馴染ませることによって、住まいの複合体として美しい街並空間の演出ともなっています。美しい外観デザインは、ランドマークとなる建築物はもちろん一般の住まいにおいても、夜間にライトアップされるなど、人々の関心を集めています。

ヨーロッパの人々にとって、建物を飾ることはどのような意味があるのでしょう。ギリシャ時代より、ヨーロッパ人にとって「建築すること」は、自然環境を破壊することと考えられていました。もともと植物に覆われていた原野において、植物を伐採して建築する場所を確保し、木や土、石など自然素材を使って建築物を完成させるという行為は、自然を犠牲にした反自然的な行為と考えられていました。そこで、自然破壊の罪の償いとして自然と同化したデザイン、すなわち植物をモチーフにした装飾を施すようになったという説があります。ギリシャ建築のオーダー（柱頂部のデザイン）などにみることができ、ヨーロッパの建築様式では、繰り返し植物や動物などの自然をモチーフにした装飾が用いられてきました。

外観を飾る場合には、その土地の気候風土と密接に関わることがあります。特に雨量との関係で、雨の多い地域と少ない地域で、外観デザインで重視される部分が異なってきます。日本のように雨の多い温帯モンスーン気候の地域では、建物のうちでも屋根のデザインが重要なポイントとなります。屋根を葺く材料にも、素焼き瓦（いぶし瓦やスペイン瓦）、洋瓦などの釉薬瓦、スレート（粘板岩）瓦、銅板などの金属瓦、茅（かや）や藁（わら）などの草、柿（こけら）などの板と数多くの種類があり、葺き方も色々あります。また、切妻、寄棟、入母屋、片流れ、方形、陸屋根などさまざまな形状があります。屋根の部分の名称も、棟、軒先、軒裏、けらば、破風（はふ）、庇などあり、細工の施された樋や、鬼瓦、鍾馗様などさまざまな装飾もあります。寺院建築には、隅棟の先に、走獣と呼ばれる動物の像が置かれています。先端の仙人騎鳳に続いて、麒麟、鳳凰、獅子、海馬、天馬といった伝説の獣で、装飾や魔除け、火除け、雨漏り防止の役割があるそうです。

地中海沿岸や中央アジアなどのように雨の少ない地域では、壁のデザインが重要なポイントとなります。石やレンガを積み上げて建物をつくるために、大きな窓を取ることが技術的に難しいために、縦長の小さな窓を配した壁の印象が大きな建物となります。雨が少ないために、きちんと雨を防ぐ屋根は必要ありませんので、陸屋根など簡単なつくりとなっています。西ヨーロッパでも、防寒や防衛を目的として、石やレ

ガウディのサグラダ・ファミリア教会は
1882年に着工されたけど
今も工事中なんだよー。
Barcelone , Spain

ンガを積み上げた厚い壁が建物の特徴となっています。都心部では建物が密集しているので、壁の仕上げや色を個性的なデザインとして違いを表現することもあります。ドイツ南部の町では、ヘンゼルとグレーテルや赤ずきんの物語などを題材にした美しい壁画で住まいが飾られています。上げ下げ窓、すべり出し窓など窓の形状は多様ですが、どの家でも窓を美しく飾り、弓形の出窓にレースのカーテン、置物で演出したり、フラワーボックスに美しい花を飾ったり、ステンドグラスも見られます。

室内空間を飾って楽しむインテリアデザインについてみてみましょう。

ヨーロッパにおけるインテリアコーディネートは過去の建築様式からの引用で、ロココやバロックの様式を空間にあてはめるという方法です。床や壁の内装材、家具、カーテンなどを、そのデザインにすれば、まとまった空間イメージが出来上がります。壁には、絵画が隙間なく飾られ、床には調度品が置かれるなど、空間はモノや装飾で埋め尽くされる傾向があります。

かつての日本の室内空間（インテリア）は、柱や鴨居（かもい）で構成され、その間は襖や障子で仕切られていたために、ほとんど壁が存在しませんでした。そのため、意識は室内ではなく外部空間に向けられ、庭を鑑賞、装飾の場として、自然の装飾を室内空間にも取り込んでいました。このように壁という実体に囲まれない室内空間であったため、空間より「もの」に対する意識が強かったと考えられています。床の間に焦点をあて、一つだけ香炉や花器を置いて、室内の畳には何も置かず、壁には何も掛けたりしませんでした。季節の節句などに合わせて花や書を飾る「室礼（しつらい）」と呼ばれるものは、主に和風住宅で継承されていますが、現代の洋風住宅では少なくなっています。

近年では、日本の住宅においてもインテリアコーディネートとして、リビングルームや寝室のイメージを設定して、お気に入りのソファやテーブル、ベッド、照明器具、カーテンなどを揃えることを楽しんでいる人が増えています。インテリアのアクセントとして、デザイナーズチェアを揃えることを楽しんでいる人もあります。デザイナーズチェアとは有名な家具デザイナーによるもので、代表的なものには、アメリカン・ミッドセンチュリーやノルディック・デザインがあります。二十世紀半ばのミッドセンチュリーは、実用性と美しさを兼ね備えている家具で、木材だけでなく、当時に開発された新素材プラスチックやスチールなどを組合せたもので、赤や黄色など原色のものも多く、若い世代に人気があります。代表的なデザイナーには、チャールズ＆レイ・イームズ、ジョージ・ネルソン、エーロ・サーリネン、ヴェルナー・パントンらがいて、それぞれ個性的な家具をデザインしています。ノルディック・デザインは同時期の北欧モダンで、機能的かつオーガニック（有機的）で木の素材感や手作りの温もりに人気があります。代表的なデザイナーには、アルヴァ・アアルト、アルネ・ヤコブセン、ハンス・ウェグナー、フィン・ユール、ボーエ・モーエンセンらがいます。

アメリカなどでは、ホームセンターで材料や道具を買ってきて、自分の手で壁を塗り替えたり、棚を作ったり、自分らしいインテリアに少しずつ作りあげることを、楽しみをしている人も少なくありません。これは、戦後のヨーロッパで広まった自分たちのまちや家を自分で作ろうという「ドウ・イット・ユアセルフ（Do it yourself）運動」がアメリカにも普及したものです。自由時間の増加に伴い、手作りすることによる人間性の回復や節約精神の目的もあり、日本においても広まっています。郊外のホームセンターに行けば、広大な売り場に、木材から住宅設備、あらゆる工具が並んでいます。

近年の日本においては、さまざまな形で住まいを楽しむ人々が増えています。ここに「家にいるのが楽しくなる本」（中山庸子著）という本があります。中を見てみると、「家の中の意外な空間を楽しむ」として、玄関や階段、縁側、トイレ、押入れなどの場所におけるそれぞれの「楽しみ方」を教えてくれます。例えば階段。一段ごとにものを置いて一定のリズムを楽しむ、横の壁をギャラリーとして楽しむ、階段下を収納として活用して箱階段に作り替える、などお気に入りの楽しい場所になる工夫が紹介されています。次に「家の中の細々した仕事を楽しむ」で、料理、洗濯、掃除、収納などを楽しみながら行う工夫を紹介し、さらに「家の中のコーナー作りを楽しむ」として、隠れ場所や、趣味コーナー、主婦コーナーなどを紹介しています。例えば「女優の楽屋」というタイトルで、女性のメイクコーナーを提案しています。女性にとって、メイクをしたり落としたり、モチベーションを高めたり緊張をほぐしたりと重要な空間とな

パリ万博のエッフェル塔の
計画段階の木製模型が
青山のブノワに飾られてるよ。
Paris , France

るでしょう。寝室や洗面所をうまく使って、メイクしやすく自分がきれいに映る鏡と、暖かな光の照明、座り心地のよい椅子が必要となります。基礎化粧品やメイク用品もすっきりと収納でき、愛用のアクセサリーもディスプレイできる空間も準備しましょう。このようなコーナーがあれば、女性は誰でも住まいを楽しむことができるでしょう。

女性誌にも、時々インテリア特集が組まれています。手元にある雑誌には「実例に学ぶ憧れ七スタイル」として、お手本にしたい部屋が紹介されています。その傾向をみるために、テーマとキーワードをあげてみましょう。「北欧」では「清々しい木の温もり、シンプルで使い勝手のよい、大胆でグラフィカル、素朴と洗練の絶妙なバランス」がキーワードとなっています。「シンプルモダン」では「椅子コレクション、シックな全体にポップなアクセント、すっきり空間をキープする収納上手」、「レトロ」では「昭和な匂い、中古家具、ハンドメイドやリメイク、使い込まれた趣」、「カラーフィーバー」では「カラフルの衝撃、ピンクやイエローの壁、自由にデコレーション」、「ナチュラル」では「優しい天然素材、リネンやバスケット、清潔感溢れる空間、ストイックなスタイル」、「ロマンティック」では「ガーリー、ピンクや花柄、蝶々や小鳥、キュートなシャンデリア」、「エスニックリゾート」では「風通しのよい開放感、大きな植物、焦げ茶の家具や床板」

などのキーワードが並んでいます。読者はこの中から一つ自分のライフスタイルにあったイメージを選んで、自分なりにアレンジしてインテリアを楽しむことが出来るのです。あなたにもお気に入りがありましたか。

住まいの楽しみの一つに、ガーデニングもあります。これもヨーロッパやアメリカだけでなく、日本でも郊外の一戸建て住宅の購入理由になるくらいの人気があります。これらのガーデニングファンが羨ましくなる庭園が、アメリカのバーモント州の山中にあります。それは絵本作家ターシャ・テューダーのアーティスティックガーデンです。約三十万坪の広大な敷地に息子のセスが手作りで建てた母屋、温室、ニワトリ小屋などがあり、ターシャはそれらを「コーギコテージ」と呼んでいます。その前に広がる花壇とテラス・ガーデン、ハーブ・ガーデン、それを囲む森や池、放牧地、ワイルドフラワー・ガーデン。ターシャはこの庭を「地上の楽園」と呼び、「一夜にしてできる庭なんてないのよ。この庭は三十年経っていて、これらの木を植えたとき、私は五十代だったのよ」と言っています。また、九十二歳まで現役で活躍した彼女は、「一生は短いんですもの。やりたくないことに時間を費やすなんて、もったいないわ」と、しっかりとした信念を持って生きることの大切さを自らの人生で示してくれたり、「近道を探そうとしないこと。価値ある良いことはみんな、時間も手間もかかるものです」と、何でも便利にできるようになった現代社会において、本当の豊かさとは何かということを教えてくれます。ガーデニングは、日々の楽しみでもありながら、じっくりと手間と時間をかけて楽しむものでもあります。土をいじったり、植物の成長や実りを目にして、虫や小鳥ともふれあい、人間性の回復にもつながる現代人に必要な住まいの楽しみと言えるでしょう。

狭い間口の4階建て住宅が多く
引越はクレーンで窓から家具を運ぶんだって。
Amsterdam, Nederland

七．家族と住まい

住まいは、そこに暮らす家族のかたちによって、いろいろなかたちがあります。家族のあり方も時代によって変わります。ここでは、現代的な課題である「集まって暮らす住まい」と「高齢者の住まい」について考えてみましょう。

家族とは、夫婦、親子、兄弟姉妹などの配偶・血縁関係などをもとにしたもので、社会を構成する基本単位となっています。日本において、戦前では親と夫婦と子どもで構成される「三世代家族」が多く見られましたが、戦後の都市化の進展とともに、夫婦と子どものみで構成される「核家族」が増えました。近年では、「夫婦のみの世帯」や「単身世帯」が総世帯数の約半数を占め

ジョージアン様式は、18世紀のレンガ造の
シンメトリカルで重厚感あふれるデザインだね。
United Kingdom

ています。その要因として、高齢化、晩婚化、非婚化、少子化などの家族意識の変化があげられています。

人間が出生してから死亡に至るまでの発達過程の繰り返しに着目した「ライフサイクル」という考え方があります。ライフサイクルでは、人生を乳児期、幼児期、学童期、青年期、壮年期、老年期の段階に分けています。近年では生活様式の多様化に伴い、ライフサイクルも変化しています。戦後すぐの一九五〇年頃、女性は二十三歳で結婚し、四人の子どもを出産して成人させて、老親の扶養をし、家族のために生涯の大半を過ごすというのが平均像でした。二〇一〇年では、女性の平均結婚年齢は二十九歳になり、出産人数は一・四人と減少しています。子どもの扶養期間は変わりませんが、長寿化により老親の介護や自分の老後をどのように暮らすかが課題となっています。

ライフサイクルに沿って、各時期における家族の人数や年齢が、必要とされる住まいを決める要因になります。同じ単独居住(一人暮らし)でも、学生は短期居住型のワンルームマンション、高齢者は日常のケア付き住宅を求めることになるでしょう。若年、中年、高齢と年齢の変化とともに、収入や暮らし方、家族構成、身体機能なども変化して、住まいに求めるものも違ってきます。

典型的なライフサイクルに沿って、求められる住まいのかたちの変遷の事例をみてみましょう。学校卒業後に就職して独身のときには、利便性の高い場所でワンルームマンションに暮らしています。もちろん両親と同居し、自分の寝室と家族のスペースで暮らしている場合もあります。次に結婚して若夫婦のみのときには、一つの寝室と居間・食事室・台所（LDK）があればよいでしょう。そして子どもを出産し、幼児期には住まいはそのままでも大丈夫ですが、子どもが小学生くらいになり、子ども部屋を与えるとなると、個室が必要となり、子どもの数により二〜三の寝室と居間・食事室・台所（LDK）の住まいが必要となります。子どもが成長し独立すると、子ども部屋は不要となり、趣味の部屋や書斎として活用されることもあります。その後、配偶者の死去により、高齢者の単独居住となるために、一つの寝室と居間・食事室・台所（LDK）の住まいでも十分となります。

このように、ライフサイクルの変化により、求められる住まいのかたちも変わるのですが、日本では約七〇％の世帯が自宅を所有しているために、家族構成の変化に応じて、うまく住み替えるということは難しい状況です。そこで近年では、住み替えるのではなく、変化に対応して長く住み続けられるように考えられた「スケルトン・インフィル」という住まいがあります。これは建物をスケルトン（構造部分）とインフィル（住宅内の内装や設備）に分けて計画したものです。スケルトンは長期間の耐久性を重視し、頑丈な鉄筋コンクリートなどでつくられ、インフィルは居住者の多様なニーズに応えて自由に変えられる、可変性を重視してつくられるシステムです。このシステムで建てられた集合住宅では、専有部分の内装は間仕切り壁やドアなど全て取り外したり、キッチンやトイレなど水回りの位置も自由に変えることができるため、ライフサイクルの変化や住み替えによる別の居住者に合わせて新たな住まいをつくることができます。それにより、建物自体の寿命を長くして、地球環境にも負荷をかけないエコな住宅となっています。

日干しレンガと砂で出来ている家には
小さな窓しかなくて、
外からの砂嵐を防いでいるの。
Kasbah , Algeria

住まいの形態には、「戸建て住宅」と「集合住宅」があります。一般的にに都心においては高密度の土地利用が求められるためにマンションなどの集合住宅が多く、郊外においては緑豊かな環境のなかで戸建て住宅が多い傾向にあります。自己の住宅を購入して所有するか、賃貸で暮らすか、どの場所に暮らすかなどによって、住宅の形態を決めることになります。近年では多様なライフスタイルが展開され、新しい住まいの集合形態を求める人も少なくありません。「集まって暮らす住まい」には家族だけでなく、集住を求める人々の多様なかたちがあります。ここでは、「コーポラティブハウス」「コレクティブハウス」「シェアハウス」について紹介します。

「コーポラティブハウス」は、同じ敷地に共同で住む家族が組合をつくり、住宅の設計から管理まで自ら運営する集合住宅です。計画段階から居住者が参加するため、各家族のニーズに合わせて住戸を設計することができることと、居住後も共有空間や施設を利用して良好なコミュニティが形成できるという利点があります。

「コレクティブハウス」は、働く女性を取り巻く保育や家事の問題、環境問題などをテーマに、住民参加と共生を理念につくられた集合住宅で、北欧で生まれたものです。個人の専有住戸とは別に共用空間をもち、食事や家事の一部を共同で自主管理運営します。共用空間としては、居間、食事室、台所、洗濯室、工作室などがあり、専門スタッフの援助や食事サービスなどがある福祉型コレクティブハウスもあります。

「シェアハウス」は、数人がプライバシーのある個室を持ち、台所、浴室、トイレなどを共同で使用する大きめの住宅です。ルームシェアというのは、マンションの一住戸で友だちなどルームメイトと一緒に暮らす状態のことで、シェアハウスとは異なります。都会での一人暮らしを寂しいと感じる人々が、「おかえり」「ただいま」と声を掛け合うなど、人との繋がりを大切にした住まいです。外国人も一緒にシェアして、国際交流が体験できるシェアハウスも人気があります。

「高齢者の住まい」について考えてみましょう。まず、日本の高齢化はどのようになっているでしょうか。高齢化の指標として、老齢人口比率（総人口に占める六十五歳以上人口の比率）があります。この老齢人口比率が、七%を超える社会を高齢化社会、十四%を超える社会を高齢社会と呼んでいます。日本では、一九七〇年に高齢化社会になり、一九九四年に高齢社会になりました。日本の高齢化は、欧米諸国と比較すると急激に進行し、現在でも高齢者数は増加し続けています。特に後期高齢者と呼ばれる七十五歳以上の割合も増加しています。配偶者との死別や熟年離婚などにより、高齢者の単身家族も増加し、新たな住まい方も求められています。

高齢者の住まいは「居住福祉」という考え方に基づいて計画しなければなりません。居住福祉とは、住宅がきちんと確保され、生命の安全や健康、人としての尊厳が守られた豊かな暮らしを実現するために、トータル的に疾病予防、福祉施設の充実や在宅ケアの逓減を目指す社会的活動のことです。

高齢者の住まいについて具体的な設計手法をみてみましょう。高齢者の住まいは、加齢とともに身体機能の低下を補完し続ける必要があります。住居内で転倒するような事故が多いため、高齢者にとってつまずきやすい段差を解消したり、手すりを設置することが望まれます。介助スペースの確保などのために適切な広さも必要とされます。次に住まいの場所別のバリアフリー設計のポイントを示しておきます。

玄関までのアプローチについては、床石やタイルなど段差を無くして滑りにくい仕上げとし、スロープを設置する場合は十二分の一程度の緩やかな勾配にします。低い階段にも手すりをつけ、段差のところは色を変えるなど分かりやすくします。玄関では、扉の下枠部分の段差を無くし、廊下への上がり框の段差は一八〇ミリ以下にします。靴の着脱のためにベンチや手すりを設置することも有効です。廊下では、車椅子利用の場合、十分な幅員にし床仕上げも滑りにくく傷つきにくい材料とします。手すりを設置する場合は、床から七五〇〜八〇〇ミリくらいの高さに、出来るだけ連続させて取り付けます。階段では、踊り場のある形状にすると安全性が高まり、勾配は七分の六程度が推奨されます。段鼻には滑り止めをつけ、廊下同様に手すりを連続させて取り付けます。トイレは、介助スペースの有無によって広さが異なりますが、自立している場合は間口九〇〇ミリ、介助が必要な場合は間口一五〇〇ミリが必要です。手すりは、立ち座り用の縦手すりと座位保持用の横手すりを組み合わせたL型手すりがよく、取り付け位置も便器との距離が決められています。出入口は引き戸が望ましく、開き戸の場合は出入りしやすいよう外開きにしておきます。洗面所と浴室では、洗面所に広さがあればベンチを設置するとよいでしょう。洗面カウンターも使用者の状況に応じて、車椅子で膝があたらないタイプや、片手操作の出来るシングルレバー混合水栓などにします。浴室への段差を無くした際に、浴室から水が溢れないよう排水溝を設置します。浴槽は和洋折衷型のゆったりとしたものにし、動作に応じて複数箇所に縦や横の手すりを設置します。室温の変化が大きいので、遠赤外線ヒーターなどの設置は効果的です。キッチンは高さ調整が出来たり、座り作業などが可能な、高齢者対応型システムキッチンを設置します。寝室は、静かな環境を保ちながら、寂しくならないような場所がよく、居間に隣接するケースも多くみられます。ベッドでの就寝を基本に考えて、トイレなども近くにあるとよいでしょう。他にも、住まいのさまざまな場所で使用する福祉用具があり、自立の度合いと介護者の負担を考えて導入することを検討します。

高齢者向けの住宅施策として、集合住宅のところで紹介したシニア向きの「コレクティブハウス」の他に、「シルバーハウジング」「シニア住宅」「グループホーム」などがあります。

「シルバーハウジング」は、日本で最初に公的な高齢者向け集合住宅として制度化された、高齢者の自立した生活を支援するバリアフリー設計の公営住宅です。近隣のデイサービス施設などから生活援助員（ライフサポートアドバイザー）が訪れて、生活

石灰岩の丘を彫って造られたスフィンクスは
王家のシンボルで、高さ20mもあるんだよ。
Giza , Egypt

相談や介護などの日常サービスを提供します。入居資格には、年齢、所得、身体機能などの制限があり、単身または夫婦で入居できます。住宅には、高齢者に配慮した設備や緊急システムなども完備されています。

「シニア住宅」は、創設当初、住宅公団と地方住宅供給公社が主体となり供給された集合住宅で、多様なライフスタイルをもつ人々が、安定した老後を過ごせるように配慮され、健康な時期から入居可能となっています。年金や健康の相談、緊急時の対応などのサービスが提供されます。住居費はかなり高額になるため、終身年金保険の加入が義務づけられ、年金を担保として終身居住が保証がされています。

「グループホーム」は、痴呆性高齢者が少

色鮮やかな幾可学模様の壁。
私も伝統的なンデベレ・アートを習おうかな。
Republic of South Africa

人数で共同生活をすることを目的とした、家庭的な雰囲気をもった集合住宅です。専門スタッフが、洗濯、食事の準備、買い物など二十四時間支援を行っています。施設ですべて介護されるのではなく、高齢者が持てる力を出し合い助け合いながら、慣れ親しんだ日常生活を行うことで、痴呆の進行を緩やかにし、家庭に戻ったときに家族の負担を軽減することとしています。

さまざまな「高齢者の住まい」をみてきましたが、「ノーマライゼーション」という理念で、障がい者や高齢者など社会的弱者が健常者と同じように区別されることなく、社会生活を共にする権利を保障しながら、物理的にも精神的にも安全で安心できる住まいをみんなで支え合って、つくっていかなければなりません。

八・住まいの歴史

住まいのかたちは、時代背景とともに、変化していきます。ここでは、ヨーロッパと日本の室内空間のデザイン（意匠）の歴史について学びましょう。

ヨーロッパの住まいの歴史を概観すると、ギリシャ・ローマ時代以降、長いインテリア様式の歴史を持っています。ここでは、主な建築様式の歴史として、ロマネスク、ゴシック、ルネサンス、バロック、ロココ、ネオクラシズムの六つの様式について、少し詳しくみてみましょう。

ロマネスク様式は、十一世紀から十二世紀にかけての教会堂の建築様式で、十一世紀の修道院活動によって発展していきまし

ヨーン・ウッソン設計のオペラハウスは
シェル構造で、シドニー湾に浮ぶ
ヨットの帆みたいだね。
Sydney , Australia

た。以前のキリスト教会堂の屋根や壁は、木造小屋組でつくられていましたが、火災や蛮族の侵略などを防ぐために、石造でつくられるようになりました。ローマ時代の建築遺構のように、単純で簡素なデザインなので「ロマネスク」と呼ばれています。厚い壁、太い柱、半円アーチなどの特徴がありますが、各地で異なる発展をし、巡礼教会堂に代表される地方様式でした。素材としての石壁が象徴的で、窓が小さいために、うす暗い室内空間そのものが神のイメージで、厳かな祈りの場となっていました。巡礼教会堂の典型であるスペインのサンチャゴ・デ・コンポステーラ大聖堂や、ドイツのヴォルムス大聖堂、イタリアのピサ大聖堂、イギリスのダラム大聖堂などが有名です。椅子、寝台、テーブル、チェストなどのロマネスク家具は、構造体のままで、無駄な装飾が少ないデザインでした。聖祭器具や装身具などの金工が発達し、これらは修道院の工房で制作されました。その装飾文様としては、アカンサスやすいかずらなどの植物やキリスト教の象徴である十字架や鳩が使われていました。

ゴシック様式は、十二世紀から十六世紀にかけての教会堂の建築様式で、パリやミラノなど大都市の司教が権威を示すために、高さと光を強調した大聖堂に用いられました。ゴシックとは、元々イタリア人の指す「野蛮なゴート人の建築」を意味していましたが、大聖堂に用いられ洗練された壮麗な建築様式に発展しました。この様式の特徴は、リブ、尖塔アーチ、フライングバットレスという構造的なデザインでした。これらによって、建物の荷重を力学的に斜め横に逃がして、薄い壁と広い開口部を可能にしました。その縦長の窓に華麗なステンドグラスを用いて装飾することで、天空に向かう垂直性が強調されました。また、トレーサリーという分枝状模様や、フランボワイアンという火炎模様なども特徴の一つでした。フランスのノートルダム大聖堂や、ドイツのケルン大聖堂、イタリアのミラノ大聖堂、イギリスのソールズベリ大聖堂などが有名です。椅子、本棚などのゴシック家具のデザインは、教会建築と同様に垂直性が強調され、シンメトリーで豪華な彫刻が施されていました。トレーサリーやフランボワイアン装飾が背もたれに施されたハイバックチェアもありました。

ルネサンス様式は、十五世紀から十六世紀にかけての建築様式で、古典建築のもつ秩序と構成美によってヒューマニズム精神が表現されていました。ルネサンスとは、中世のキリスト教教会と封建領主による支配から自己を解放し、人間の理性と感性に基づく秩序を求めた芸術運動です。ギリシャ・ローマの古典建築をそのまま用いるのではなく、古代文化の再生という新たな手法であったため、科学と芸術の才能があり個性と独創性をもつ「建築家」という職能が誕生しました。この様式では、オーダー（柱と梁の構成）の使用が有効な手段とされ、プロポーション（比例）が重視され、シンメトリー（左右対称）や幾何学的デザインによって厳格な秩序調和が表現されました。イタリアのフィレンツェ大聖堂や、パラッツォ・メディチなどが有名です。この様式の室内装飾は豪華で、床には大理石やモザイク、寄せ木貼が用いられ、壁や天井は隙間なく絵画、彫刻、タペストリーで装飾されていました。家具にも豪華な装飾が施され、生活水準の高まりにより、種類も豊富になりました。彫刻や漆喰で装飾し、彩色や金箔を施したカッソーネという収納家具、カッソーネ（チェスト）とパンカ（ベンチ）を組み

ニュージーランドでは羊が
3000万頭もいるんだよ。
ふわふわ気持ちよさそう。
モグモグ
ZZ
New Zealand

合わせ、肘掛と背もたれの付いたカッサパンカ（木製チェスト）、フィレンツェの詩人ダンテが愛用したダンテスカというX脚のアームチェアなどがつくられました。

バロック様式は、十六世紀から十七世紀にかけての絶対王政全盛期の建築様式で、カトリック教会や大貴族は、権力を誇示するように莫大な財力で競って華麗で装飾性の豊かな建築をつくりました。バロックとは「歪んだ真珠」という意味で、十八世紀の合理主義の時代になり、その過剰な装飾をグロテスクと評価して名付けました。この様式のカトリック教会は、過剰な装飾と光の対比によって劇的な空間を創り出しました。ルネサンス様式が厳格な秩序を重視したのに対して、バロック様式は男性的な躍動感によりダイナミックで劇的な効果を重視しました。巨大な内部空間を強調するために遠近法で効果を高めたり、壮大なヴィスタ（対象物に向かう直線的な景観）を強調する軸線、曲線や曲面を用いた不規則なかたちなどが特徴でした。建築家ベルニーニや彫刻家ミケランジェロらの芸術家や、イタリアのサンピエトロ大聖堂、フランスのヴェルサイユ宮殿などが有名です。貴族の邸宅であるパラッツォの室内装飾は、彫刻、フレスコ画、タペストリー、漆喰細工、モザイク床などにより、華やかで躍動感のある空間が演出されました。この様式の装飾的家具は、フランスではブール様式、イギリスではジャコビアン様式と呼ばれ、ねじり脚や象嵌細工が特徴で、宮廷家具師という専門の職人によって作られました。

ロココ様式は、十八世紀頃の建築様式で、フランスではルイ十五世様式、イギリスではクイーン・アン様式とも呼ばれ、バロック様式の装飾性をさらに発展させたものでした。ロココの語源である「ロカイユ」とは、ヴェルサイユ宮殿の庭園の洞窟のことで、ロカイユ装飾は植物や珊瑚などをモチーフにした抽象的な浮き彫りのことです。自由奔放で享楽的な上流貴族の婦人たちのサロン文化で、優雅で繊細な女性的イメージを持っていました。色彩もクリーム色やピンクなどのパステルカラーに白色や金箔を合わせたものが好まれました。ドイツのヴィース巡礼教会、オットーボイレン教会、フランスのスタニスラス広場、オーストリアのシェーンブルグ宮殿などが有名です。この様式の室内装飾は、陶器、銀食器などのテーブルウェアやタペストリーなどの工芸品に力点が置かれ、室内を豊かに飾りました。家具では、椅子やテーブルの脚が猫や鳥、龍の脚のような形状をしていて、ガブリオールレッグ（猫脚）と呼ばれています。中国（シノワズリ）などのオリエンタル趣味も人気がありました。

ネオクラシズム（新古典）様式は、十八世紀後半から十九世紀にかけての建築様式で、リヴァイヴァル様式とも呼ばれています。バロックやロココの過剰な装飾性に対する反動と、考古学的調査や研究から古代建築を理想とする考え方によって採用されました。古代遺跡を描いたイタリアの画家ピラネージの細密な版画は、この様式の展開に大きな影響を与えました。ヨーロッパの歴史区分で、都市国家や文明の時代であったギリシャを手本とした「ネオギリシャ建築」は美術館や博物館などの文化施設のデザインとされました。ギルドや中世自治の時代であったゴシックを手本とした「ネオゴシック建築」は市庁舎などの行政施設のデザインに、教養芸術の時代であったルネサンスを手本とした「ネオルネサンス建築」は大学などの教育施設のデザインに用いられました。この様式は、フランスではアンピール様式、イギリスではヴィクトリア様式とも呼ばれ、フランスのエトワール凱旋門やマドレーヌ寺院、イギリスの大英博物館などが有名です。室内空間や家具は、直線的でシンメトリー（左右対称）、古典的プロポーションで構成され、大理石やブロンズ製の家具には、ビロードや黒色、金色の装飾が施されています。

二十世紀初めには、アーツ・アンド・クラフツ運動やアール・ヌーヴォーなどが生まれ、これまでみてきた装飾的な様式から、機能的な美しさを求めるインターナショナル・

スタイルへと受け継がれ、その後もさまざまな様式が時代とともに流行し、現在に至っています。

次に、日本の住まいの歴史を概観して、平安時代の「寝殿造」、室町時代の「書院造」、安土桃山時代の「数寄屋造」、江戸時代の庶民住宅、明治時代以降の洋風住宅などについて学びましょう。

古代の縄文時代の人々は、定住し小さな村をつくり、竪穴住居に暮らしていました。内部は十二帖くらいの広さの土間で、仕切りはありませんでした。縄文中期以降には屋内に炉がつくられました。弥生時代になると稲作が広まり、米を蓄える高倉の倉庫が建てられました。銅鏡に描かれているとおり、身分の違いによって、高床住居や平地住居、竪穴住居などに暮らしていたと考えられます。

平安時代の貴族住宅の様式である「寝殿造」は、寝殿が南庭に面して建てられ、それを中心に東西に対屋（たいのや）と呼ばれる建物を左右対称に配し、それらを渡殿（わたどの）でつないでいました。寝殿は、母屋（もや）と庇による大きな開放的な空間と、壁で囲まれた塗籠（ぬりごめ）と呼ばれる寝室からなっていました。屋外と蔀戸（しとみど）で仕切られた寝殿は、主人の生活の場であり、儀式や行事にも使われました。可動家具を用いて、用途に応じて一つの空間を使い分けるシステムは室礼（しつらい）を呼ばれていました。儀式や行事の際には、開放的な空間に、机と円座、置き畳などが置かれ、日常空間の周囲には、屏風や衝立、几帳が置かれ、視覚的に閉ざされた空間としていました。

室町時代の武家住宅の様式である「書院造」は、その後の和風住宅の源流となっています。格式を重視する武家住宅では、接客や対面の場をより重視するようになりま

青く澄んだ海にダイビング。
トロピカルフィッシュやマンタと出会えるかも！
Bora Bora , Taniti

した。外の蔀戸は引き違いの遣戸（やりど）となり、室内の屏風や衝立は固定化され、襖や障子、杉戸などの引き違い建具となりました。それにより間仕切りが増加し、小間が増えました。空間の特徴として、置き畳から畳の敷き詰めになり、天井も四方の回り縁から曲面で折上げて高くした格天井となりました。座敷には、序列形成のために上段が設えられ、床の間、違い棚、書院、帳台構などをひとまとめにした座敷飾りができました。室内を飾る文化も発達し、壁や建具に絵を描くようになり、儀式や行事などを行う公的な空間には極彩色や金箔を使った豪華絢爛な「障壁画」が描かれ、生活の場には淡彩の「山水画」などが描かれました。狩野永徳という画人が、京都の大徳寺聚光院方丈に描いた花鳥図などが有名です。

安土桃山時代の「数寄屋造」は、書院造のなかに茶室の意匠が取り入れられた建物であるという見方と、茶室とは関係なく、書院造を「真」としたとき、その崩し型である「行」または「草」の洗練された自由な形式ととらえる見方があります。いずれにしても、書院造の格式的な建築表現を排除した様式と言えるでしょう。室町時代に侘び茶を示す言葉として「数寄」が用いられ、茶の湯を行うところが「数寄屋」と呼ばれました。千利休がつくった侘び茶の空間は、荒壁と丸太や竹という簡素な素材で組み立てられ、にじり口という小さな潜りから出入りする塗籠のような静謐で緊張感のある空間でした。名物（唐物）の権威から脱却した侘び茶を茶の湯の原点とし、縁側を取り除くことによって、建築の格式性や社会性も切り捨てました。妙喜庵待庵や桂離宮などが有名です。

江戸時代の庶民の民家の間取りは、作業空間の「土間」と居住空間の「床上」の構成となり、古いものは土間が広く、馬などの家畜も飼われていました。床上は一室から機能分化したと考えられますが、発展したかたちとして三間取りや四間取りがあります。内部空間の美しさは露出した梁組の力強さに表れ、外観は間取りと構造から屋根のかたちに特徴が表れています。曲がり屋、コの字型、合掌造などがその例です。民家をつくりあげる作業を普請といい、地域社会の協力を得て助け合いで成し遂げられました。気候風土や生業と大きな関わりを持ち、地域色豊かに発展した民家は、先人の知恵の結晶と言えるでしょう。収納家具は、唐櫃に代わり車長持になりましたが、火災などの際に持ち出しやすいため普及しました。その後、引き出しによる箪笥になり、階段を兼ねた階段箪笥などの造り付けタイプも普及しました。江戸のまちでは、商家は表通りに店を構えて、通り庭のない形式の町家が主流でした。また、町人や職人は裏長屋に暮らしていました。その長屋の多くは平屋建てで、路地から入口を入ると土間があり、その半分は台所で、奥に二部屋程度を有する狭い住宅でした。便所は共同で、風呂はなく入浴は銭湯に行きました。共同井戸で水道水を桶に汲んで使いましたが、そこで近所の人と井戸端会議が行われるなど、近所づきあいは活発に行われていました。また長屋には十分な収納スペースが無いため、生活物品は貸出し屋からレンタルすることもありました。江戸の暮らしは、資源のリサイクルも行われており、現在でいうエコロジカルライフでした。京のまちでは、通り庭をもち、表通りに開放的につくられた町家は、格子や揚見世、虫籠窓をそなえて統一感のある町並みを形成していました。

明治時代以降には、欧米文化の流入によ

海、山、太陽など自然
人々の生活など全てに宿る神々を
崇め讃えた踊りがフラなんだよ。
Hawaii , USA

り、上流階級では、書院造の和館の横に洋館を併設した「和洋館並列型住宅」が広まりました。この洋館では、従来の襖や障子による開放的な分割ではなく、固定された壁により区分されていました。この住まいは、大正時代には、中流住宅にも波及しました。洋館により「椅子座」という起居様式が導入されましたが、それとともに「大壁」というインテリアデザインが普及しました。この「大壁」は、従来の日本家屋の柱や梁、鴨居といった部材が視覚的に表現される「真壁」と違って、柱など構造材を壁で覆ってしまって壁のみが見える室内空間となります。この「大壁」は無装飾の壁面であるために、新たな要素を加えてインテリアをデザインしなければなりません。すなわち、ヨーロッパの「壁の建築」と同様の室内空間になりました。和風の意匠を基調とした椅子座のインテリアデザインも考案されました。このように伝統を意識したモダンデザインの提案は昭和時代以降も展開され、竹や和紙など和の素材を用いた空間や、座面の高さを低くした家具作りも行われています。

現在の日本の住まいのインテリアは、楽しみの住まいでもみたとおり、好みによって洋風、和風、現代風または世界中の国々のスタイルを取り入れることが可能となりました。デザインを楽しむことは、よいことですが、文化の継承という面では、長い歴史を経て作り上げられた様式も大切にしたいものです。

九．住まいをつくる

これまで、いろいろな住まいをみてきましたが、実際に住まいをつくる場合には、材料や構法といった技術的側面、内部空間を快適にするための光や熱、空気、音などの環境的側面、間取りなどの機能的側面、インテリアイメージや色彩などのデザイン的側面など、さまざまなアプローチが必要となってきます。ここでは、生活者の視点から見て、身近である間取りなどの機能的側面とインテリアスタイルなどのデザイン的側面についてみてみましょう。

そこに生活する家族の住居観やライフスタイルによって、住まいのかたちはさまざまなものになります。住まいをつくる手順として、敷地と住まいの関係、すなわち配

マラカナンサッカースタジアムは世界最大規模で
ワールドカップも開催されたよ。
10
Rio de Janeiro , Brazil

置計画から進めていきます。

敷地に対して、どのように建物を配置し、どのような庭を計画するか、方位や道路条件によって検討していきます。建物は、日当りや風通しを考慮して、条件の良い場所に計画します。庭は観賞用のもの、作業用のもの、遊び空間、畑や園芸用など目的によって広さや立地が異なってきます。建物に囲まれた中庭や坪庭といったものもあります。塀や生け垣で敷地の周りを囲うか、アメリカ郊外の住宅地のように道路や隣地に対して開放的なものにするかも考えます。駐車スペースを必要とする場合もあるでしょう。このようにして、敷地に対する建物の配置と玄関の位置を決めていきます。

次に、住まいの中のそれぞれのスペースについて検討していきます。ここでは居間、寝室、子ども部屋の三つの空間について、それぞれのあり方を考えてみましょう。

居間とは、家族の団らんの場であると考えられていますが、団らんとはどのようなことでしょうか。居間は「居るための部屋」という言葉を使っていますが、住まいにおいて「居る」とは何でしょうか。人間が環境から「住まい」を切り取ったときには、一つの空間しかなく、そこで全ての生活行為が行われていました。そこから「調理」や「睡眠」などはっきりとした行為が、台所や寝室など別の部屋に分離していって、最後に残った行為を全て引き受けている（これが居るということ）のが居間であると考えられています。実際には、家族が会話をしたり、テレビを観たりして、家族が一緒に楽しむ場合と、それぞれ一人で、読書をしたり、音楽を聴いたり、趣味のことを行ったり、同時に居ながらも個々の時間を過ごしている場合があります。このように多様な生活行為を行う場であるだけではなく、心理的にも家族の中心となる場であるので、自然と家族が集まりやすく、居心地のよい空間であることが大切です。しかし、近年はこの中心性が脅かされています。特に子どもたちは、居心地のよい子ども部屋を与えられているためにそこから出て来なくなり、母親も台所で過ごす時間が長くなり、父親は書斎で過ごしと、肝心の居間が空洞化してしまっている住まいもあります。その対策としては、寝室や子ども部屋を必要以上に居心地よくしないことです。バランスの問題で、居間の方を居心地のよい空間にすることで、自然と家族は居間に集まってくることでしょう。

居間の広さとしては、休息などのためのソファや椅子を置き、子どもの遊びに必要な床面を確保し、開放感を持たせるには、十二帖の広さはほしいところです。十六帖あれば、書斎コーナーや家事コーナーなども併設することができます。快適な環境とするために南面した配置で、採光や通風を十分に確保する必要があります。また冬季の快適性を確保するためには、床暖房の導入などは効果的です。照明器具も、天井に蛍光灯を一カ所設置する方式ではなく、さまざまなシーンごとに切り替えられるような、暖かみのある電球やLEDを用いた間接照明、ダウンライト、フロアスタンドなどを組合せて、夜間の雰囲気づくりも大切にしましょう。住まいのなかの位置も、各室からの動線が集まりやすく、通路にならないような奥まった場所がよいでしょう。吹き抜け空間を利用して、二階とのつながりを持たせる方法もあります。居間のつくり方は、仕事以外の時間をどのように過ごすかという意味で、その人の精神性が大きく左右されるくらい大切なことと思います。

寝室は、畳の上に布団を敷いて就寝する和室タイプと、ベッドを置いて就寝する洋

大統領官邸のカサ・ロサーダは
スペイン語でピンクハウス。
ピンクの外壁がかわいいね！
Buenos Aires, Argentina

室タイプがあります。いずれにしても、睡眠のためだけではなく、プライベートな空間なので、道路側を避け、子ども部屋など他の部屋とも隣接させないような静かなところに配置する必要があります。寝室は、眠る前にゆったりとした安らぎのひと時を過ごす場であり、読書や音楽、夫婦の会話を楽しむ場でもあります。和室か洋室かということは、それぞれの好みということも言えますが、洋室の方が、ベッドを置くことで専用の空間になることと、スペースによっては、机や椅子を置いて、就寝前の時間を過ごしやすい雰囲気になり、読書や会話を楽しむことも出来るでしょう。一方、和室の場合は、元々転用性のある空間なので、布団を敷いてしまうと、「すぐに寝ないと」というイメージになってしまい、寝る前に色々なことをして時間を過ごそうという気持ちになりにくい空間かもしれません。

十二帖くらいの広さがあれば、このようなスペースや収納、書斎コーナーなども設置できるでしょう。余裕があれば、専用のトイレやシャワーを隣接させるのもよいでしょう。環境的には、遮音や遮光性能を高め、通風をよくする必要があります。夜間に使用する部屋であるため、採光の配慮は不要で、安らかな眠りに誘う落ち着いた照明が必要となります。

子ども部屋は、住まい全体とのバランスが大切です。子どもにとって、自分の部屋でひとりで過ごすことで自立心を養うことと、家族と一緒に過ごすことの両方がバランスよく必要です。この比率は幼児期には後者の方が大きく、児童期、青年期と成長するに従って、前者の方が大きくなるでしょう。きちんと独立性のある子ども部屋をつくることはよいのですが、全ての生活用品が揃うような快適すぎる子ども部屋にしてしまうと、家族の集まる部屋に出て来なくなります。幼児期には、親の保護のもとに、自分の持ち物を整理整頓する習慣を養うことが必要です。そのため居間に簡単な机と玩具などの収納ボックスを備えたコーナーという形で設け、ベッドは夫婦寝室に置くことでよいでしょう。児童期になると、一般的に子ども部屋が必要となりますが、ベッドと勉強机、本棚、収納スペースが収まる最低限の広さとして、少し狭いくらいで快適すぎない方がよいでしょう。姉妹がいるなら二人部屋でもよいし、廊下ホールを工夫してプレイルームなどにして、自室だけにこもらないようにも配慮します。子どもの健康的な発達を考慮して、南側の日当りがよく通風環境のよい場所に設置します。インテリアは、あまり子ども向きのデザインにしすぎないように心掛けます。青年期には、親の監視から離れたいという要求が高まるので、きちんとした独立性のある領域とし、異性は寝室を分ける必要もあります。考え事をしたり自分だけの内向的な時間を過ごすには居心地がよいけれど、その気持ちが外に向いた時には狭く感じて、自然に部屋の外へ、居間などへ出て行きたくなるような部屋がよいでしょう。

これらの他にも、住まいには、台所、食事室、玄関、廊下、階段、洗面所、トイレ、浴室などがありますが、それぞれ一定の広さだけ確保すればよいということではなく、そこに暮らす人がどのような生活が理想なのか、これまで暮らしてきた住まいについてよく考えて、住要求をしっかり持ち、それを実現するかたちが、その人の暮らしに合った「住まいのかたち」と言えます。

次にデザインとしての、インテリア計画について考えてみましょう。インテリア空間は、床、壁、天井によって構成されています。その形や、色、質感、素材などを検討していくわけですが、そのためには「どのような空間にしたいか」というコンセプトが重要となります。そのコンセプトにあったスタイルを決めていきます。従来までは、和風か洋風か、和洋折衷というくらいでしたが、近年はさまざまなインテリアスタイルが展開されています。スタイルの一例をあげれば、「ナチュラル」「カントリー」「モダン」「エレガント」「クラシック」「カジュアル」などがあり、他にも「ジャパニーズ」「アジアン」

「ノルディック」など世界各地のデザイン、「ロココ」「アールヌーヴォー」「アールデコ」などの歴史的なデザインもあります。これらのスタイルに沿って、床材や天井材、壁の素材を決めていきます。

素材と同時に色彩についても検討していきます。色彩はインテリアの最も重要な要素となります。インテリアのカラーコーディネートでは、基調色、配合色、強調色の三つに分けて考えていきます。まず、空間全体の約七十％の面積を占める基調色（ベースカラー）は、床、壁、天井の色です。簡単に変更できないので、一般的には、天井と壁に明るい白色やベージュを使い、フローリング床なら茶系などとします。部屋の下方（床）に暗めの色を用いる方が落ち着いた感じになります。次に、約二十五％の配合色(アソートカラー）として、カーテンやソファなどの大きめの家具にイメージに合った配色を用いて、空間に変化をつけます。最後に、五％の強調色（アクセントカラー）として、照明やインテリア雑貨などに、原色などはっきりした色を用いてスタイルや個性を表現します。

インテリアにおける色の心理的効果をまとめると次のようになります。

心理的に寒暖を感じる「暖色と寒色」があります。「火」のイメージである橙色を中心としてその周辺の色が暖色で、「水」のイメージである青色を中心としてその周辺の色が寒色です。温度感に効果があるこれらの色を用いて、部屋の用途や季節に応じて、壁やカーテンに使用します。「進出色と後退色」について、暖色は進出色で手前に迫ってくるように感じ、寒色は後退色で向こうに離れていくように感じます。青色のカーテンを用いることで、部屋を広く感じることができます。「軽い色と重い色」について、どの色でも白に近い明るい色は軽く感じ、黒に近い暗い色は重く感じます。床の色は焦げ茶色など明度の低い暗い色を用い、壁や天井など上にいくほど白色など明度の高

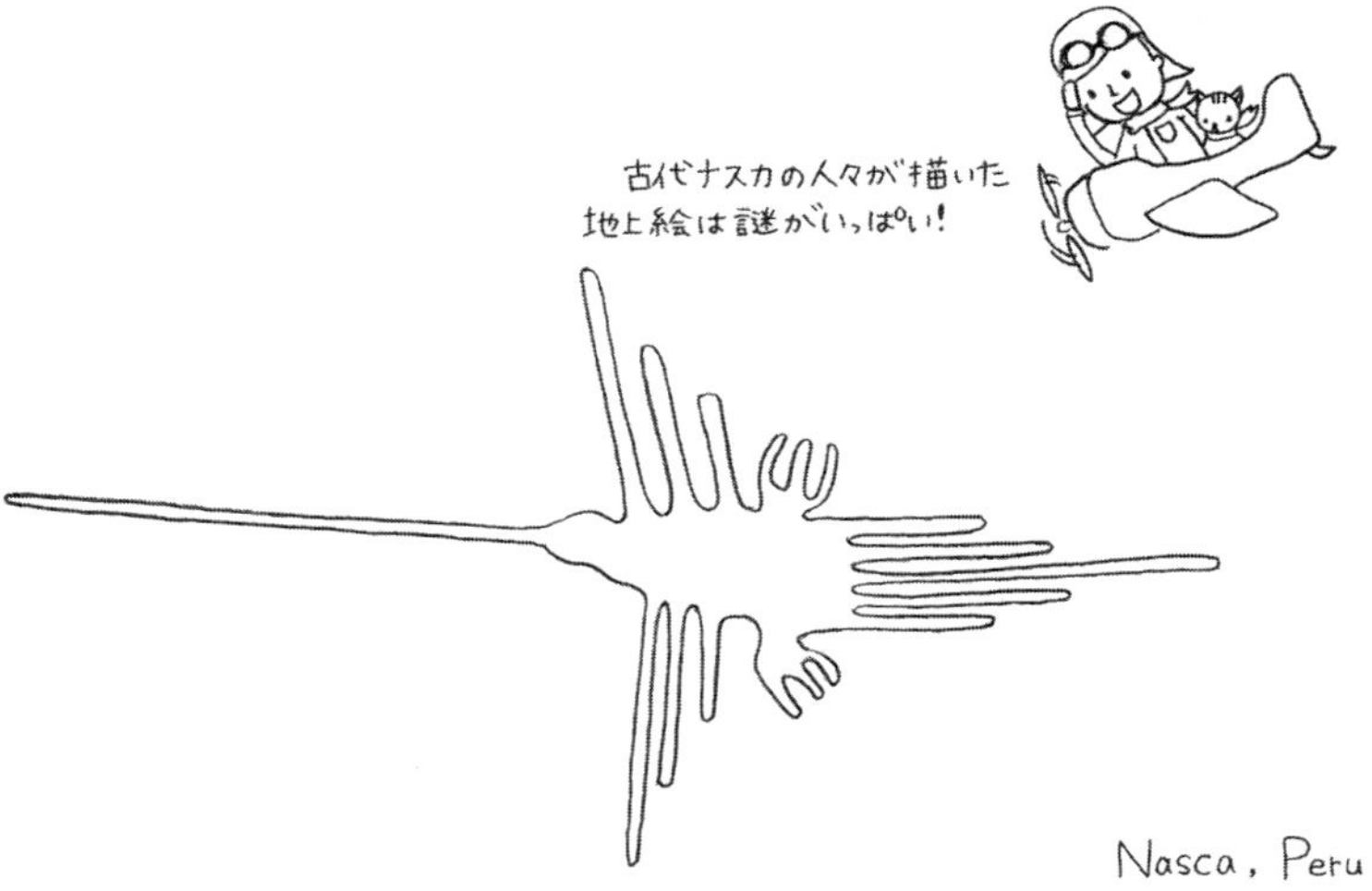
古代ナスカの人々が描いた
地上絵は謎がいっぱい!
Nasca, Peru

い明るい色を用いる方が、安定した感じになります。「興奮色と沈静色」について、赤色や橙色などはっきりした高彩度の暖色で配色すると興奮しやすく、紺色や灰色など低彩度の寒色で配色すると落ち着いた感じになります。遊戯施設などでは興奮色を用い、図書館や役所では沈静色を用いることによって、目的に合った空間を作ることができます。

住まいの部屋ごとの色彩計画について考えてみましょう。

「玄関ホール」は、外部との接点で住まいの顔にもなるので、上品さと格調、親しみやすさを持った配色にします。自然素材の色やベージュ色などがよいでしょう。「居間・食事室」は家族団らんのくつろぎ、食事の場であるので、明るく落ち着いた親しみやすい配色にします。床はナチュラルな茶色で壁や天井は白色やベージュ色とし、ソファやカーテンなどで配色をまとめて個性を出すのがよいでしょう。「台所」は炊事など家事作業の場であるので、明るく清潔感があり楽しい配色にします。壁や天井を明るい色にし、システムキッチンのキャビネット（扉）の色で楽しい雰囲気にするのがよいでしょう。「浴室・洗面所・トイレ」は生理衛生、リフレッシュの場であるので、明るく清潔感があり爽やかな配色にします。狭い空間なので圧迫感がないようにし、また冬に冷たいイメージにならないよう、ベージュ色など明るい暖色にするのがよいでしょう。「寝室」は睡眠と私的なくつろぎの場であるので、ファブリックの素材感を活かして、安らぎを得られる配色で個性も表現すればよいでしょう。「子ども部屋」は子どもの遊び、学びと就寝の場であるので、楽しく元気な配色にします。ナチュラルな色に原色などをアクセントに用いるとよいのですが、年少時でも成長することを考慮して、壁紙などを子どもっぽくしすぎないようにします。

先にあげたインテリアスタイルに応じた色彩計画についてみてみましょう。「ナチュラル」は、木材や麻、木綿などの素材感で、ベージュ色やブラウンなどの明るく自然をイメージした配色とします。「カントリー」は、白木やテラコッタなどの素材感で、白色や淡いベージュ色、パステルカラーなど素朴で手作り感のある配色とします。「モダン」は、ガラス、金属、石、プラスチックなどの素材感で、白色や黒色などの無彩色、原色などシャープでクールな配色とします。「エレガント」は、シルクやレースなどの素材感で、パステルカラーのピンクやクリーム色に白色、金色など女性的で優雅な配色とします。「クラシック」は、木材や皮革、大理石などの素材感で、やや暗めの暖色(エンジ色など)や焦げ茶色などで伝統的で重厚な配色とします。「カジュアル」は、木材やプラスチックなどの素材感で、明るい原色で動きのある快活な配色とします。

みなさんは、自分の部屋の使い勝手やインテリアデザインについて、考えたことがあるでしょうか。

ここでは、自分の部屋が現在どのように使われていて（どのような家具が置いてあり）、どのような問題点があるか考えてみましょう。使い勝手の問題もあれば、ものの収納の問題、小学生の頃からの成長に伴いインテリアスタイルの問題もあるかもしれませんね。それらの問題を取り上げ、解決方法を考えてみましょう。そして、部屋を簡単に測ってみて、簡単な図面を描いてみましょう。現在の図面を描いて、問題を解

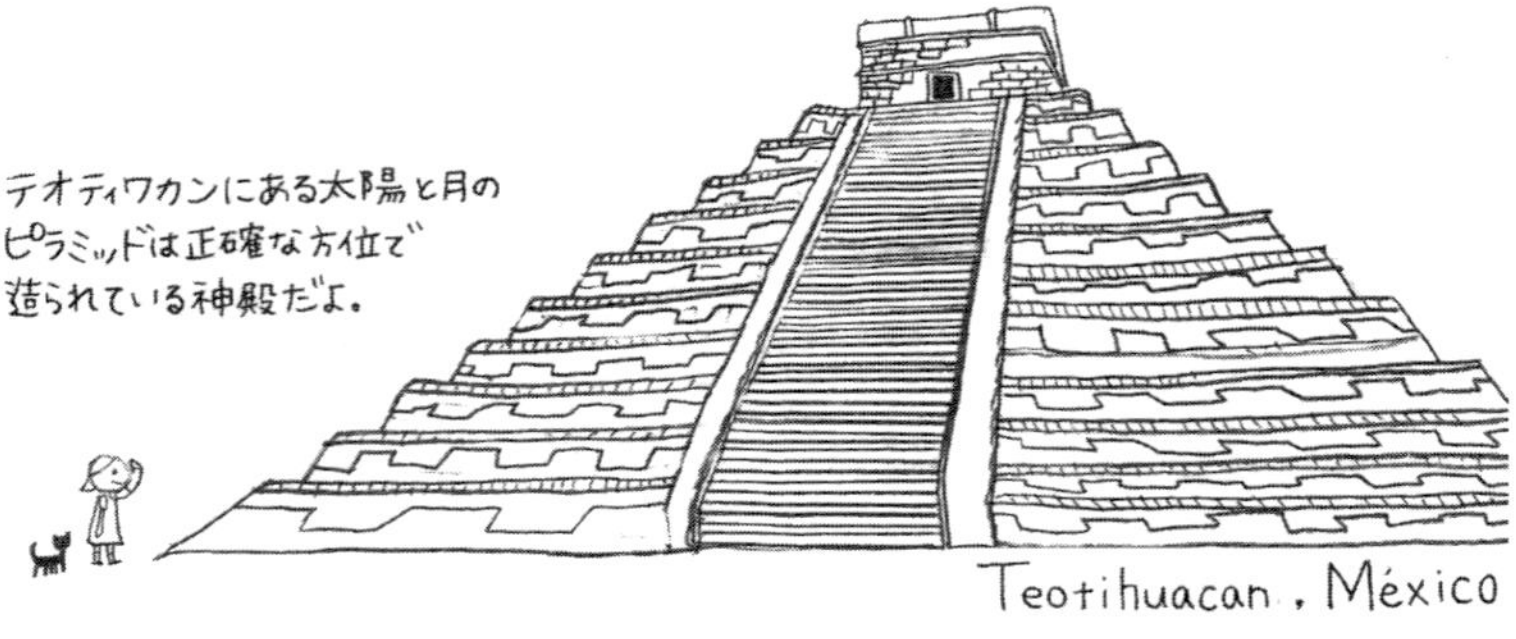
テオティワカンにある太陽と月のピラミッドは正確な方位で造られている神殿だよ。
Teotihuacan , México

決する方向で、家具などのレイアウトを変更したり、新たな家具をカタログなどで探してみましょう。良いアイディアが浮かんだら、今すぐ出来ることは実践してみて、大掛かりなことは将来可能であればやってみても良いでしょう。

十．住まいと地球環境

二〇一一年に世界人口は七十億人を超え、この百年間で約四倍にも増加しました。また、人類の活動により消費するエネルギーは約十倍に増加し、大気中の二酸化炭素濃度も約三〇％増加しました。地球温暖化は急速に進み、生物の生存を脅かしています。近年、地球に人類が存続し続ける環境を維持する「持続可能性」（サスティナブル）という考え方に基づいた社会の構築が求められています。

一九九二年に、ブラジルのリオデジャネイロで「環境と開発に関する国際連合会議（地球サミット）」が開催されました。そのリオ宣言では、「人類は持続可能な開発の中心にあり、自然と調和して健康で生産的な生活を送る権利がある。開発の権利は、現

ディズニーランドのシンボル
眠れる森の美女のお城に
いるんだけど…。
どこだか分かる？

Los Angeles, USA

在および将来の世代の開発と環境での必要性を公平に満たすよう行使されなければならない」とし、気候変動枠組条約を締結しました。この条約では、大気中の温室効果ガスの濃度を安定化させ、現在および将来の気候を保護することを目的として、気候変動がもたらすさまざまな悪影響を防止するための取り組みの原則、措置などが定められました。一九九七年には、京都で第三回「気候変動枠組条約締約国会議」が開催され、京都議定書が採択されました。これにより、先進国に温室効果ガス排出削減目標が課され、日本も温室効果ガス排出量を一九九〇年比で、二〇一二年までに六％削減することに合意しました。

一九九二年の「地球サミット」で、十二歳のセヴァン・カリス・スズキは、子どもの環境団体の代表としてスピーチを行い、会場から喝采を得ました。その伝説のスピーチの一部を紹介しましょう。

「私がここに立って話をしているのは、未来に生きる子どもたちのためです。世界中の飢えに苦しむ子どもたちのためです。そして、もう行くところもなく、死に絶えようとしている無数の動物たちのためです」

「オゾン層にあいた穴をどうやって塞ぐのか、あなたは知らないでしょう。死んだ川にどうやってサケを呼びもどすのか、あなたは知らないでしょう。絶滅した動物をどうやって生き帰らせるのか、あなたは知らないでしょう。そして、今や砂漠となってしまった場所にどうやって森を蘇らせるのかあなたは知らないでしょう。どうやって直すのか分からないものを、壊し続けるのはもう止めてください」

「私の国での無駄使いはたいへんなものです。買っては捨て、また買っては捨てています。それでも物を浪費しつづける北の国々は、南の国々と富を分かち合おうとはしません。物があり余っているのに、私たちは自分の富を、そのほんの少しでも手離すのが怖いのです」

「ここブラジルで、家のないストリートチルドレンと出会い、私たちはショックを受けました。一人の子どもが私たちにこう言いました。『ぼくが金持ちだったらなぁ。もしそうなら、家のない子全てに、食べ物と、着る物と、薬と、住む場所と、優しさと愛情をあげるのに』家も何もない一人の子どもが、分かち合うことを考えているというのに、全てを持っている私たちがこんなに欲が深いのは、いったいどうしてなのでしょう」

「父はいつも私に不言実行、つまり、何を言うかではなく、何をするかでその人の値うちが決まる、と言います。しかしあなたがた大人がやっていることのせいで、私たちは泣いています。あなたがたはいつも私たちを愛していると言います。しかし、私は言わせてもらいたい。もしその言葉が本当なら、どうか、本当だということを行動で示してください」

現在、日本における二酸化炭素の放出量の三分の一は、建築活動によるものと言われています。

そこで二〇〇〇年に、建築関係五団体（日本建築士会連合会、日本建築士事務所協会連合会、日本建築家協会、建築業協会、日本建築学会）により「地球環境・建築憲章」が定められ、この問題に業界をあげて取り組むこととしました。そのコンセプトは、次の五項目です。

一・建築は世代を超えて使い続けられる

自由の女神の王冠には
7つの突起があるけど
7つの大陸と海に自由が
広がるという意味らしいよ。
New York , USA

価値ある社会資産となるように、企画・計画・設計・建設・運用・維持します。

今日の日本の建築は、その多くが二十五～三十年で建て替えられています。ヨーロッパの建築は数世紀にわたって利用され続けており、日本でもかつては百年を超える長期間の使用は一般的でした。建築が短寿命であることは、社会資産の形成が遅れ、地球温暖化の原因である二酸化炭素の排出や、森林の破壊、大量の建築廃材発生など、深刻な問題を生んでいます。これから新たにつくる建築は、長期間の使用に耐えるように、計画の初期段階から充分に検討し、完成後も継続的に維持管理を行う必要があります。

二．建築は自然環境と調和し、多様な生物と共存し、良好な社会環境を形成します。

日本は豊かな自然を有し、伝統的建築はその自然を享受し、自然と共生する環境を育ててきました。しかし近年、無秩序に開発された都市や建築が、地域に存在してきた生物種の多様性を失わせてしまいました。また、ヒートアイランド現象などにより、生態系を破壊しただけではなく、安らぎや潤いの空間を失わせ、人々を自然から遠ざけてしまいました。今後は、さまざまな生物の種の持続性を目指し、人々の生活の周辺に多様な生物が身近に感じられる環境を再構築することとします。

三．建築の生涯エネルギー消費を最小限にし、自然エネルギーを最大限に活用します。

都市や建築は、その建設や運用に膨大なエネルギーを要するものとなり、地球温暖化への要因の四割は、建築の生産から施工、運用、廃棄までの二酸化炭素排出によるものとなっています。石油などの化石資源は有限で、その利用は温暖化に直結するため、化石資源によるエネルギー利用を大幅に減らし、自然エネルギーなどを活用する都市や建築に転換します。

四．建築は環境負荷の小さい再利用が可能な資源で造り、資源消費を最小限にします。

建築分野における資源の過剰消費は、資源枯渇や産業廃棄物の問題を深刻化させており、建設関係の廃材は最終処分量の四割に及ぶと言われています。新たな資源はできるだけ使わず、建設地から廃棄物を出さないで、再使用や再生利用を促進し、資源を循環していくことが必要です。

五．建築は地域の歴史・風土を尊重し、新しい文化を創造し、次世代に継承します。

日本の都市景観は、慈しみ守り育てようという市民の支持が得られるものでなくなりました。建築は、先人達の資産として引き継ぎ、未来の子ども達によい建築文化を継承していく必要があります。建築活動は、未来を築く子ども達が元気に健やかに育つ環境を保障することも大切であり、次の時代をつくる子ども達のために良い成育環境を整備しなければなりません。

地球温暖化などの環境問題に配慮し、地域や居住空間の快適性を高める住まいのあり方の一つとして「環境共生住宅」というものがあります。環境共生住宅協議会によると、環境共生住宅とは「地球環境を保全する観点から、エネルギー・資源・廃棄物などの面で充分な配慮がなされ、また周辺の自然環境と親密に調和し、住み手が主体的にかかわりながら、健康で快適に生活できるよう工夫された、環境と共生するライフスタイルを実践できる住宅、およびその地域環境」としています。ここでは、その設計手法について、詳しく学ぶことにしましょう。「環境共生住宅」には次の三つのコンセプトがあります。

一．地球環境の保全（ロー・インパクト）

二．周辺環境との親和性（ハイ・インパクト）

三．居住環境の健康・快適性（ヘルス＆アメニティ）

この三つのコンセプトの詳しい内容についてみてみましょう。

一．地球環境の保全（ロー・インパクト）

敷地に対して、建物をどのように配置するかということを十分に検討する必要があります。太陽光をしっかりと受け、十分な日照時間を得るためには、日本では敷地の南側に庭を計画し、空地をとります。卓越風というその土地において季節ごとに多い風向きも考慮する必要があります。例えば、東京の夏の卓越風は南風で、秋から春には北北西の風がよく吹くというデータがあります。特に夏季の蒸し暑い時に、住まいへの風通しを考えると、南側を開放的に空地にしておくことが大切です。また、周辺の緑や水辺などの環境に応じて、配置計画を検討する必要があります。

夏季に建物の中を風が通り抜け、冬季には室内の奥まで太陽光が差し込むように工夫すると、室内が快適な環境となり、過度に冷暖房設備に頼らない省エネ設計となります。その土地の夏の卓越風の向きに大きな窓を設けて、そこから風を室内に取り込み、室内の壁にガラリを設けたり、廊下やトイレ、洗面所にも、小窓を設けて、風の出口となるように工夫すれば、たくさんの風が通り抜けて、快適な室内環境となります。また、階段や吹き抜けなどをうまく活用して、上下方向にも風が通り、屋根裏や天窓から屋外に風が通り抜けるようにすれば、さらに効果は高まるでしょう。

建物のかたちですが、壁からの熱の出入りを小さくするために、凹凸の少ない単純な立方体が良いでしょう。それに、夏季に

赤毛のアンが住んでいた
カスバート家「グリーンゲイブルズ」は
緑色の切妻屋根という意味だよ。
Prince Edward Island , Canada

エアコンなどの設備依存を出来るだけ小さくするために、冷房時に外気の熱が室内に入り込まないような工夫が必要です。このことを、冷房時の熱負荷の低減といいます。冬季の暖房時には、逆に室内で暖められた空気が外に逃げないようにする工夫が必要です。これも同様に熱負荷の低減となります。そのためには、建物の壁や床下、屋根裏などに断熱材をきちんと入れて、断熱性能を高めることが大切です。ガラスや石を綿状にしたグラスウールやロックウールと呼ばれるものや、発砲スチロールなどが断熱材として用いられています。近年の窓はアルミサッシなどが用いられ気密性が高まっていますが、このように気密性を高めて隙間風をなくすことも冷暖房負荷の低減につながります。窓ガラスも通常は一枚で出来ていますが、ペアガラスという空気層を含んだ二重ガラスにすると断熱性能は高まります。

夏季と冬季の、日射をうまく調整するために、屋根の軒や庇を長めにしておくことも冷暖房負荷の低減に効果があります。長めの軒は、夏季に高度の高い位置からの日射が室内に入るのを防ぎ、冬季に低い位置からの日射が室内に入るのは妨げないために、室内奥深くまで、暖かい太陽の光を取り込むことができます。

窓からの日射をカーテンなどで調整することは有効な手段です。室内に設置するカーテンやブラインドだけでなく、窓の外に設置するブラインドはより効果的に日射を遮ることができます。町家の二階などに吊られた簾（すだれ）なども同様の効果があります。窓ガラスも普通ガラスではなく、熱線反射吸収ガラスという日射を反射したり熱を吸収する機能を有するガラスも用いられています。

日射の調整方法の三つめは、緑化によるものです。壁面や屋上を落葉性の植栽で緑化することにより、夏季の日射を遮蔽することができます。落葉性であれば冬季には葉が枯れて落ちるので、十分な日射を確保することもできます。緑陰により日射を遮るだけでなく、葉による蒸散作用で、周囲の暑い空気から気化熱を奪い、建物の周囲の空気を涼しくしています。

自然エネルギーや未利用のエネルギーを活用することによって、地球環境への負荷を軽減することが期待されます。自然エネルギーとして活用が期待されるものの一つに太陽エネルギーがあります。この太陽エネルギーの利用には、太陽熱によって暖められた空気を住宅内に循環して活用する「パッシブ・ソーラー」と、太陽熱で発電したり温水をつくる「アクティブ・ソーラー」の二通りの手法があります。「パッシブ・ソーラー」には、冬季の昼間に暖められた空気を室内に密閉された床下に蓄えておき、夜間に室内に循環して暖かくする「パッシブ・ヒーティング」と、夏季に屋根裏などの暖められた空気をファンによって軒裏の換気口から強制的に排出して、室内を涼しく保つ「パッシブ・クーリング」があります。

「アクティブ・ソーラー」には、屋根面に太陽電池を設置し発電して利用する「太陽光発電システム」と、屋根面に集熱パネルを設置し水を循環させて加熱した温水を利用する「太陽熱利用給湯システム」があります。「太陽光発電システム」は、自治体などの補助金制度により、少しずつ普及していますが、まだ全体の一％程度に留まっています。

他の自然エネルギーの活用としては、風力エネルギー、バイオマスエネルギー、地

イヌイットの家イグルーは
雪の塊をらせん状に積み上げて造り
内部はアザラシの毛皮を敷いてポカポカ。
Alaska , USA

熱エネルギー、潮汐エネルギー、海洋温度差利用などがあります。効率等の問題で実用化に至っていない現状ですが、今後のさらなる技術開発が期待されています。これらを住まいに組み込むことにより、家庭や地域におけるエネルギー源となり、地球環境への負荷の低減が期待されます。

二．周辺環境との親和性（ハイ・コンタクト）

まず、敷地周辺や地域の緑化を促進することが大切です。緑化を推進していくためには、コンクリートの地面のままでは植物を生育させることが出来ません。そこで、表土の保全と土壌の改良が必要となってきます。出来るだけ多くの地面を「土に戻す」ことによって、植物を生育させるだけでなく雨水の地下浸透の促進にもつながります。

ここで、緑化の効果について確認しておきましょう。緑化には、「潤いのある景観をつくる、季節ごとに日射や太陽熱を調整する、通風を調整する、防犯に役立つ、プライバシーが確保できる、防火に役立つ、防音効果がある、ヒートアイランド現象を緩和する、大気を浄化する」などたいへん多くの効果が期待されます。屋根や屋上を緑化することによる効果としては、夏季に、屋根や屋上の表面温度を低下させ、室内の気温上昇を緩和させせます。冬季には、表土による断熱効果で、室内の気温低下を緩和させせます。すなわち緑化と土が断熱材の役割を果たしているのです。

次に、敷地を地域の緑化拠点とします。緑化にもさまざまな手法がありますが、その一つにビオトープがあります。地域において、ビオトープの整備を行うことは、人間が自然と共生するのに有効な手法であり、学校や工場などいろいろな場所でつくられています。ビオトープとは、ドイツ語のbio(生命)とtop(場所)を合わせた言葉で、生物(群集)の生息環境を意味しています。日本においては、環境教育の一環として小学校などで取り組まれているケースもみられます。このように、多様な生物の安定した生息環境を創出するということは、食物連鎖のような自然の生態系が育まれる環境であるため、樹木や野草、水草など地域に固有の在来植物が繁殖し、それを食したり分解するミミズやダンゴムシ、バッタや蝶などがいて、それを食する野鳥などが集まってくる場所となるでしょう。

地域の公園や緑地、河川敷、ビオトープなどの「面的な緑」をより広げるために、それらをネットワーク化する必要があります。「点や面の緑」をネットワーク化するには、それらを結ぶ「線の緑」も必要となります。線の緑としては、街路樹や緑道などを整備する必要があります。このようなネットワークは、グリーン・コリドー（緑の回廊）と呼ばれています。これは、地域の景観形成にもなります。環境に配慮した美しい色彩や素材で、舗道の路面やベンチなどをデザインすることにより、居住者にとってアメニティ（快適性）の高い街並みとなります。

住宅の内外の連関性に配慮することも大切です。完全に屋内でも屋外でもない、半屋外空間を創り出すことで、さまざまな効果が得られます。風が通り光溢れる開放的な空間は、気候のよい季節には格好の居間スペースになるでしょう。また、縁側やサンルームは、四季に応じて快適な室内熱環境を創り出します。住宅内に中庭や光庭をとることも、屋外と連続する緩衝帯（バッファ・ゾーン）になり、夏季や冬季の気温を緩和してくれるでしょう。

三．居住環境の健康・快適性（ヘルス＆アメニティ）

環境共生住宅の特徴は、環境にやさしいだけでなく、そこに暮らす人間が豊かに快適に日々を過ごすことを目的としています。住宅の外部空間のアメニティを高める方法として、外部空間の緑化があげられます。緑化は環境にやさしいことは前述しましたが、人間に対してもヒーリング効果が高く、特に都市に居住する人にとっては、自然に触れることにより、人間性の回復にもつながると言われています。

住宅の内部空間のアメニティを高める方法として、人間の健康によいかどうかを指標とします。人間の健康を害するものとして、結露やカビ・ダニ等があり、これらの発生を防ぐ必要があります。そのためには、壁内部に結露がおこらないように、断熱性能をしっかりと高める必要があります。近年、シックハウス症候群や化学物質過敏症、子どものアトピーなどが社会問題となっていますが、このような室内空気汚染を防ぐために、人間に安全な自然素材の建材を使用すべきです。現在の住宅は、ほとんど工業製品で造られているために、可能な限り健康的な素材を選ぶことが大切です。

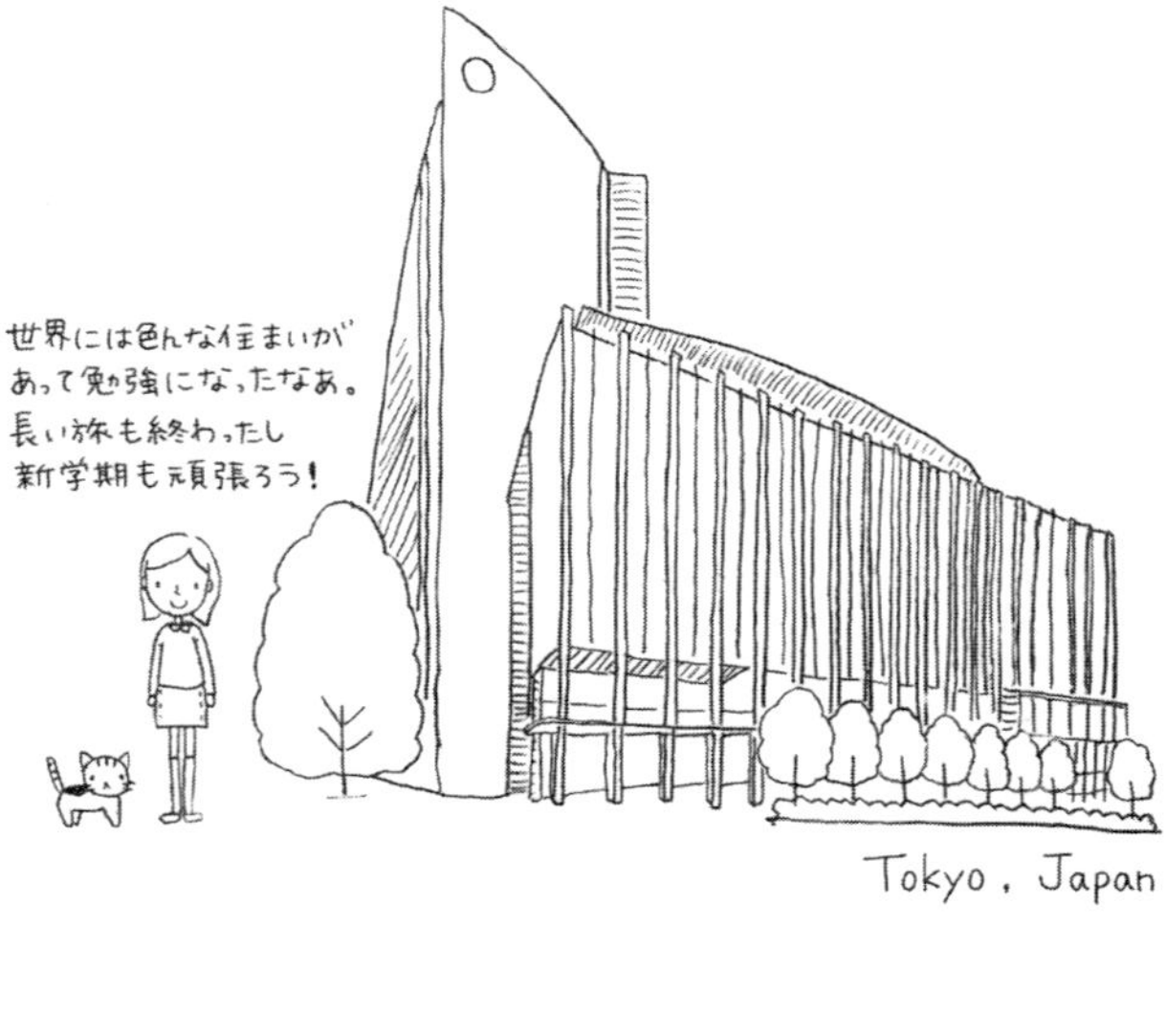
世界には色んな住まいが
あって勉強になったなあ。
長い旅も終わったし
新学期も頑張ろう!
Tokyo , Japan

高齢社会である現在においては、高齢者や障がい者への安全性に配慮することは非常に重要なポイントです。これには二つのアプローチがあります。まず既存の住宅については、すでにある障壁を取り除く必要があります。この障壁（バリア）を取り除く（フリー）ことをバリアフリー対応といい、いろいろな場所にある段差の解消やトイレなどの手すりの設置が代表的なものです。これらは、介護保険制度を活用することにより、補助を受けてリフォームすることもできます。もう一つのアプローチは、新築の際などに、はじめから全ての人が使いやすい普遍性のあるデザインとしておくことです。これは、ユニヴァーサル・デザインと呼ばれており、住宅だけでなく、会社や商店、道路から家電商品や日用品まであらゆるものが対象となっています。

これからの私たちの「すまいのかたち」は、地球環境にも地域の人々にも私たち自身にも、優しさをいっぱい注いでつくることで、私たちの暮らしにもたくさんの幸せを与えてくれることでしょう。

参考文献

「あなたが世界を変える日　12歳の少女が環境サミットで語った伝説のスピーチ」セヴァン・カリス・スズキ著、ナマケモノ倶楽部訳、学陽書房、2003年
「家にいるのが楽しくなる本」中山庸子著、新潮社、2003年
「陰影礼讃」谷崎潤一郎著、中央公論社、1995年
「インテリアアイデンティティー」加藤力監修、学芸出版社、1990年
「インテリアan・an」アンアン特別編集、マガジンハウス、2009年
「インテリア計画の知識」渡辺秀俊編、彰国社、2008年
「A・F・T 色彩検定公式テキスト2級編」A・F・T対策テキスト編集委員会編、A・F・T企画、2009年
「かくれた次元」エドワード・ホール著、日高敏隆ほか訳、みすず書房、1970年
「神々の島バリ―バリ=ヒンドゥーの儀礼と芸能」河野亮仙、中村潔編、春秋社、1994年
「講座現代居住2　家族と住居」岸本幸臣、鈴木晃編、東京大学出版会、1996年
「広辞苑　第六版」新村出編、岩波書店、2008年
「高齢時代を住まう」伊藤明子、園田眞理子著、建築資料研究社、1994年

「コンパクト建築設計資料集成〈住居〉」日本建築学会編、丸善、1991年
「コンパクト版建築史（日本・西洋）」建築史編集委員会編著、彰国社、2009年
「住居学ノート」西山夘三編、勁草書房、1977年
「住居論（新建築学大系）」扇田信、吉野正治ほか著、彰国社、1987年
「住宅の設計（新建築学大系）」藤本昌也、山下和正ほか著、彰国社、1988年
「図解住居学1　住まいと生活」図解住居学編集委員会編、彰国社、1999年
「図解住居学2　住まいの空間構成」図解住居学編集委員会編、彰国社、2000年
「図解住まいとインテリアデザイン」住まいとインテリア研究会編著、彰国社、2007年
「住まい方の思想」渡辺武信著、中央公論社、1983年
「生活様式の理論」吉野正治著、光生館、1980年
「ちいさいおうち」バージニア・リー・バートン著、石井桃子訳、岩波書店、1965年
「茶室に学ぶ　日本建築の粋」日向進著、淡交社、2002年
「適応の条件」中根千枝著講談社、1972年
「西山夘三著作集第二巻　住居論」西山夘三著、勁草書房、1968年
「人間と空間」オットー・フリードリッヒ・ボルノウ著、大池恵一ほか訳、せりか書房、1983年

「風土　人間学的考察」和辻哲郎著、岩波書店、1944年
「福祉住環境コーディネーター検定試験2級公式テキスト改訂版」東京商工会議所編、東京商工会議所、2011年
「文化と環境」アービン・アルトマン、マーティン・チェマーズ著、石井真治監訳、西村書店、1998年
「喜びは創りだすもの　ターシャ・テューダー四季の庭」ターシャ・テューダー著、食野雅子訳、メディアファクトリー、2006年

あとがき

学生の皆さん。最後まで読んでいただいて、ありがとうございます。「住まいに期待すること」「風土と住まい」「住まいの思想」「安らぎの住まい」「秩序の住まい」「楽しみの住まい」「家族と住まい」「住まいの歴史」「住まいをつくる」「住まいと地球環境」の十のテーマで、「住まいのかたち」について学習してきました。

住まいとは、私たちの遠い先祖が創り出し、時代とともに、住まいへの要求や技術の進歩によって発展し続け、現在に至っていること、世界には気候風土や文化によって、さまざまな形態の住まいがあることなどを学びました。住まいは人類にとって、最高の作品です。なぜなら、決して一人の人間ではつくることはできません。数えきれないほどの人々の、平凡ではあるけれども全て価値のある暮らしの営みの蓄積によって、つくられているからです。住まいでの楽しいことも困ったことも全てが、私たちの「住まいのかたち」となりました。

最終章では、環境と共生する住まいについて、詳しくみてきました。それは、出来るだけ省エネルギーの生活を実践しながら、四季を通して快適な住環境を確保し、住む人の健康にも配慮し、地域文化を継承し、美しい街並を形成するような住まいでしたね。地球環境の問題を真剣に考えなければならない今日に、あなたもこのような住まいで暮らしたいと思ったことでしょう。

この本をここまで読んでくれたあなたには、これを実現させる答えが見つかったと思います。日本の気候風土の中に誕生し、長い年月をかけて、先人が築いてくれた「風土の住まい」にその答えがあります。生活の利便性を追い求めた結果、私たちは一見豊かな生活を獲得したと思ったときに、私たちを育んでくれた地球が悲鳴をあげたのです。私たち一人一人の手で、この美しい地球を守るために、どのような生活をしていくことが「豊かな暮らし」につながるのか、もう一度よく考えるよう、住居観だけでなく生活観の転換が求められています。私たちだけではなく、この先ずっと、私たちの子孫にも、人間だけでなく地球上の全ての生物と共に、快適に暮らせる世界を残していってほしいと願っています。これからも住居学だけではなく、多くのことを勉強して、このことの実現に向けて、みんなで力を合わせていきましょう。まなちゃんとくうちゃんも、世界の旅を終えて、皆さんにそう語りかけています。

学生時代、わたしに「文化としての住まい」を教えていただきました故吉野正治先生に、感謝の意を表したいと思います。ありがとうございました。

また、かわいいイラストを描いていただいた関沢愛美さん、出版についてご協力いただいた日本教育訓練センター出版部の久保田勝信氏に、この場を借りて御礼を申し上げます。

●著者紹介●

大西《おおにし》　一也《かずや》

京都市生まれ。名古屋工業大学大学院工学研究科博士後期課程修了。建築設計事務所、シンクタンク研究員を経て、大妻女子大学家政学部教授。博士（工学）、一級建築士。

関沢《せきざわ》　愛美《まなみ》

東京都生まれ。大妻女子大学で住文化やデザインを学ぶ。趣味は食器集めで、三毛猫のくうちゃんを飼っています。

すまいのかたち

2011年11月30日　第１版第１刷発行
2016年３月15日　第１版第２刷発行

著　　者　大西　一也（おおにし　かずや）
イラスト　関沢　愛美（せきざわ　まなみ）
発 行 者　田中　久米四郎
編 集 人　久保田　勝信
発 行 所　株式会社 日本教育訓練センター
〒101-0051　東京都千代田区神田神保町１丁目３番地　ミヤタビル2F
TEL　03-5283-7665
FAX　03-5283-7667
URL　http://www.jetc.co.jp/
印刷製本　株式会社 シナノ パブリッシング プレス

ISBN 978-4-86418-022-1　＜ printed in Japan ＞